楽しみながら
身につく！

韓国語単語
イラストBOOK

山崎亜希子 監修
おおたきょうこ 絵

ナツメ社

はじめに

안녕하세요(アンニョンハセヨ)! ようこそ、韓国語ワールドへ! 韓国に行ってみたいな、韓国語を学んでみたいな、韓国のこともっと知りたいな…そんな、韓国に興味のあるすべての方々のために、この本が作られました。

　この単語イラストブックは、難しいことは極力避けつつ、旅先でよく使う単語はもちろん、韓国文化に関する単語もたくさん入れて、もっと韓国について知りたくなるような構成に工夫されています。一般の語学書ではないので、好きなテーマや、パラパラとめくってイラストが気に入ったページからながめても、もちろんOK! ページの中の場面に自分がいると想像しながら、韓国を旅している気分で、読み進めていくのもいいですね。

　勉強する! というよりも、この本を開くのが楽しみ! と思ってもらえると幸いです。

監修者　山崎亜希子

本書の使い方

この本では、韓国で一般的によく使われる単語を、その単語が使用される日常風景のイラストとともに紹介しています。興味が湧いたテーマや、思わず目にとまったイラストのページから、拾い読みしてみてもOK！「単語を覚える＝勉強」ではなく、イラストから韓国語の世界を想像する単語集です。

さまざまなシーンを想定

さりげない日常生活の1コマを中心に、112のシチュエーションをピックアップしています。

かわいいイラストで雰囲気を楽しみながら韓国語が覚えられる

イラストとセットで単語を見ることで、より印象に残りやすくなり、学習効果も高まります。

声に出してみたくなる

ハングル表記にはカタカナ読みを併記しているので、発音するときの参考になります。

よく使われるセリフも紹介

そのシーンでよく聞かれるセリフも紹介。ふとした瞬間に、言えたり聞き取れたりできると、韓国語学習がますます楽しくなります。

STORY

ッチムジルバン
찜질방
チムジルバン

ホブタン
허브탕
天herb 湯湯
ハーブ湯

インサムタン
인삼탕
天人参湯
高麗人参風呂

シャウォ
샤워
シャワー

シウォナダ
시원하다〜!
気持ちいい〜!

ヨクチョ
욕조
湯浴槽

注目!

ッチムジルバン
찜질방とは？

ッチムジルバン
찜질방とは、床がポカポカで、ゴロゴロしたり、おしゃべりをしたり、憩いの場とも言えるスーパー銭湯のようなところです。ここでの代表的な食べ物はゆで卵。そして、お米で作った発酵飲料の冷たいシッケ。ドラマにもよく登場しますよ。

サウナ
사우나
サウナ

タオル スゴン
타올·수건
タオル

ティショチュ
티셔츠
Tシャツ

バンバジ
반바지
半半パン
短パン

ソグム ッチムジル
소금 찜질
塩サウナ

ファント ッチムジル
황토 찜질
黄土サウナ

ソナム
소나무
松の木

ヤクチョ
약초
天薬草

ハンジュンマク
한증막
天汗蒸幕

マデ
마대
天麻袋
麻布

64　Part3 ファッション＆美容

GUIDE

プラスαの情報が満載

ミニコラム「注目！」では、そのページに関連する韓国文化、韓国語をより理解するために役立つ知識などを紹介します。

シーンに関連する単語も芋づる式にカバー

そのシーンに登場しそうな単語も多数収録しています。語彙の幅が広がります。

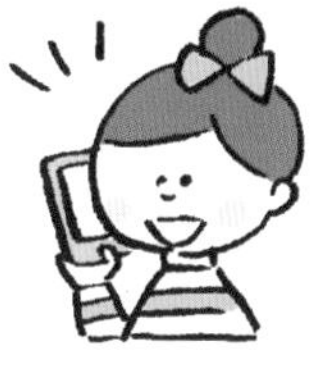

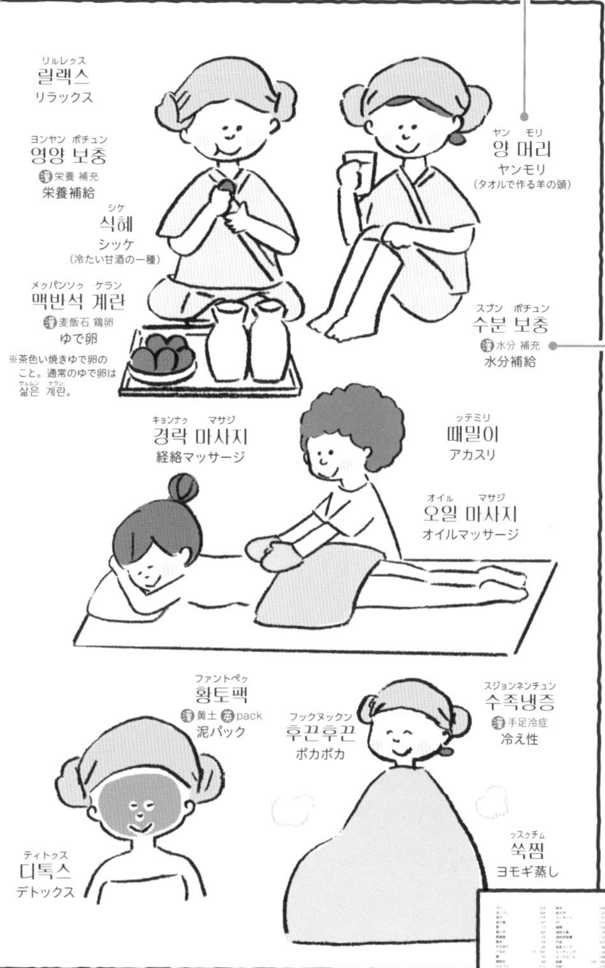
リルレクス
릴랙스
リラックス
ヨンヤン ポチュン
영양 보충
[漢]栄養 補充
栄養補給
シケ
식혜
シッケ
（冷たい甘酒の一種）
メッパンソッ ケラン
맥반석 계란
[漢]麦飯石 鶏卵
ゆで卵
※茶色い焼きゆで卵のこと。通常のゆで卵は삶은 계란。
ヤン モリ
양 머리
ヤンモリ
（タオルで作る羊の頭）
スブン ポチュン
수분 보충
[漢]水分 補充
水分補給
キョンナク マサジ
경락 마사지
経絡マッサージ
ッテミリ
때밀이
アカスリ
オイル マサジ
오일 마사지
オイルマッサージ
ファントペク
황토팩
[漢]黄土 [英]pack
泥パック
フックヌックン
후끈후끈
ポカポカ
スジョンネンチュン
수족냉증
[漢]手足冷症
冷え性
ッスクチム
쑥찜
ヨモギ蒸し
ティトクス
디톡스
デトックス

漢字からも韓国語が学べる

[漢]が併記されている単語は「漢字語」です。漢字と対応するハングルを見ていくと、意味を推測するヒントにもなります（11ページに詳述）。

※意味は日本語と異なることがあります。

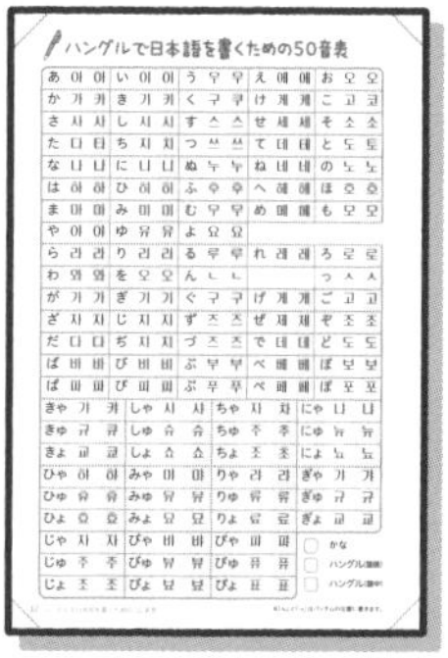
ハングルで日本語を書くための50音表

書ければもっと楽しい

ひらがなに対応したハングル表を見れば、ハングルも簡単に書けます。まずは自分の名前から！

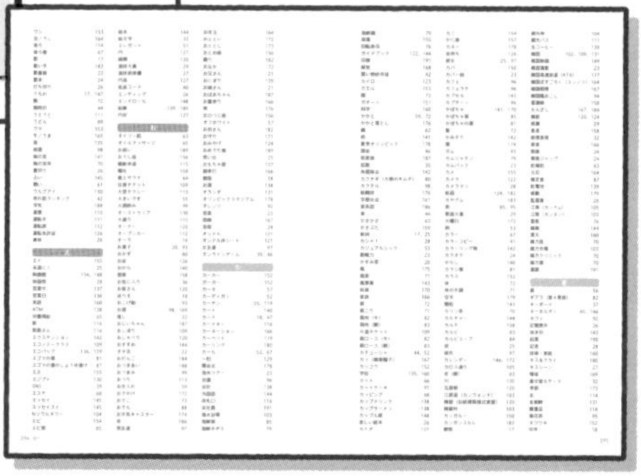

索引から調べたい単語を検索

掲載単語は索引から引くことができます。※オレンジ色の吹き出しのセリフやミニコラム「注目！」、章末コラム「つぶやきハングル」は含みません。

CONTENTS

はじめに………3

本書の使い方………4

韓国語について………10

ハングルで日本語を書くための50音表………12

Part1
K-POP＆ショービジネス

ファンミーティング………14

サイン会………16

コンサート………17

ファンレター………18

プレゼント………20

歌番組………22

ヒットチャート………23

カラオケ………24

歌詞………25

ドラマ………26

授賞式………28

Part2
インターネット＆SNS

メッセンジャーアプリ………32

インスタグラム………34

ツイッター………35

フェイスブック………36

インターネット①………37

インターネット②………38

スマートフォン・スマホ………39

パソコン＆スマホ周辺機器………40

コピー＆電話………41

ネットショッピング………42

服………43

小物＆靴………44

オンラインゲーム………46

　ゲームのジャンル………47

Part3
ファッション&美容

ファッション①
　ポップ／フェミニン　……50
　スポーティ／エレガント　……51

ファッション②
　ラブリースタイル　……52
　カジュアルシック　……53

ファッション③　……54

色　……56

ネイル　……58

メイク　……60

スキンケア　……62

チムジルバン　……64

美容室　……66

ヘアスタイル　……67

エステ　……68

整形&美容皮膚科　……69

韓方クリニック　……70

体の不調　……71

体　……72

顔　……73

Part4
食べる&飲む

飲食店　……76

メニュー　……78

焼肉屋　……80

肉の種類　……82

スープ　……84

粥　……85

刺身食堂　……86

韓定食　……87

屋台　……88

テント屋台　……89

デザート　……90

ケーキ　……91

フルーツ　……92

お菓子　……93

伝統菓子（韓菓）　……94

伝統茶屋　……95

カフェ　……96

お酒　……98

　飲み屋／バー　……99

Part5
旅

韓国	102
地名	103
ソウルの観光地	104
空港	106
飛行機	108
バス	110
車	112
タクシー	113
方向&位置	114
道	115
地下鉄	116
電車	117
ホテル	118
韓屋（伝統建築様式家屋）	120
旅の持ち物	122
おみやげ	124
お金	126
固有数詞	128
単位 129　国と国旗	130

Part6
街&施設

都市	134
商店街	136
コンビニ	138
スーパー	140
ドラッグストア	142
薬局	143
書店	144
公式グッズストア	146
映画館	148
動物園	150
動物の鳴き声	152
水族館	154
星座	156
病院	158
学校	160

Part7
暮らし＆行事

年中行事（1〜3月）⋯⋯⋯⋯⋯ 164
年中行事（4〜6月）⋯⋯⋯⋯⋯ 166
年中行事（7〜9月）⋯⋯⋯⋯⋯ 168
年中行事（10〜12月）⋯⋯⋯ 170
カレンダー⋯⋯⋯⋯⋯⋯⋯⋯⋯ 172
天気⋯⋯⋯⋯⋯⋯⋯⋯⋯⋯⋯⋯ 174
スポーツ⋯⋯⋯⋯⋯⋯⋯⋯⋯⋯ 176
夏季オリンピック⋯⋯⋯⋯⋯⋯ 178
冬季オリンピック⋯⋯⋯⋯⋯⋯ 180
伝統芸術⋯⋯⋯⋯⋯⋯⋯⋯⋯⋯ 182
韓服⋯⋯⋯⋯⋯⋯⋯⋯⋯⋯⋯⋯ 184
伝統遊び⋯⋯⋯⋯⋯⋯⋯⋯⋯⋯ 185
家族⋯⋯⋯⋯⋯⋯⋯⋯⋯⋯⋯⋯ 186
人生①恋愛⋯⋯⋯⋯⋯⋯⋯⋯⋯ 188
人生②結婚＆出産⋯⋯⋯⋯⋯⋯ 189
人生③働き盛り⋯⋯⋯⋯⋯⋯⋯ 190
人生④晩年⋯⋯⋯⋯⋯⋯⋯⋯⋯ 191

COLUMN
つぶやきハングル

耳の保養⋯⋯⋯⋯⋯⋯⋯⋯⋯⋯ 30
仲良くしましょう⋯⋯⋯⋯⋯⋯ 48
生涯アイテム⋯⋯⋯⋯⋯⋯⋯⋯ 74
ひとりごはん⋯⋯⋯⋯⋯⋯⋯⋯ 100
話題のスポット⋯⋯⋯⋯⋯⋯⋯ 132
自宅トレーニング⋯⋯⋯⋯⋯⋯ 162
花道⋯⋯⋯⋯⋯⋯⋯⋯⋯⋯⋯⋯ 192

索引⋯⋯⋯⋯⋯⋯⋯⋯⋯⋯⋯⋯ 193

韓国語について

韓国語の文字

◆ 母音パーツ

	ア	イ	ウ		エ		オ	
基本母音	a ㅏ	i ㅣ	u ㅜ	ɯ ㅡ	e ㅐ	e ㅔ	o ㅗ	ɔ ㅓ
ヤ行音	ヤ ya ㅑ		ユ yu ㅠ		イェ ye ㅒ	ye ㅖ	yo ㅛ	yɔ ㅕ
ワ行音	ワ wa ㅘ	ウィ wi ㅟ	ウイ ɯi ㅢ	ウェ we ㅙ ㅞ ㅚ			ウォ wɔ ㅝ	

「ㅏ, ㅜ, ㅐ, ㅔ, ㅗ, ㅓ」の短い棒を 2 本にすると、「ヤ行」音になります。
赤い部分に子音パーツを入れると、「1 文字」になります。

◆ 子音パーツ：初声（文字の最初の子音）

	パ/バ	タ/ダ	チャ/ジャ	カ/ガ	サ
平音（へいおん）	p/b ㅂ	t/d ㄷ	c/j ㅈ	k/g ㄱ	s ㅅ
激音（げきおん）	パ pʰ ㅍ	タ tʰ ㅌ	チャ cʰ ㅊ	カ kʰ ㅋ	ハ h ㅎ
濃音（のうおん）	ッパ pp ㅃ	ッタ tt ㄸ	ッチャ cc ㅉ	ッカ kk ㄲ	ッサ ss ㅆ
鼻音（びおん）	マ m ㅁ	ナ n ㄴ	ア/ン ※ なし/ŋ ㅇ		
流音（りゅうおん）	ラ l ㄹ				

※ㅇは初声では「子音なし」を意味し、パッチムでは [ŋ] 音。

「平音」「激音」「濃音」「鼻音」「流音」の子音グループがあります。平音のうち、ㅂㄷㅈㄱ（p, t, c, k）は、母音と母音、鼻音・流音と母音の間にくると濁って（b, d, j, g）発音されます。

例）家具：가구 → ㄱ ㅏ ㄱ ㅜ
　　　　　 k a g u

◆ 子音パーツ：パッチム（文字の下にある子音パーツ）

文字の組み合わせには、①「子音＋母音」と、②「子音＋母音＋子音」があり、②の 2 番目の子音パーツは文字の下に書かれ、パッチム（받침）と呼びます。

① 〈子音＋母音〉私：나 → ㄴ＋ㅏ
　　　　　　　　　　　 n＋a

② 〈子音＋母音＋子音〉他人：남 → ㄴ＋ㅏ＋ㅁ
　　　　　　　　　　　　　　　　 n＋a＋m

● パッチムの発音で、日本語の「ッ」のような詰まる音は [p]（パッチム：ㅂ, ㅍ）、[t]（パッチム：ㄷ, ㅌ, ㅅ, ㅆ, ㅈ, ㅊ, ㅎ）、[k]（パッチム：ㄱ, ㅋ, ㄲ）の 3 種類あり、本書の読みがなはそれぞれ小さい [プ][ッ][ク] としました。また、パッチムの後の濃音は、小さい [ッ] を書いていません。

● 日本語の「ン」のような音は［n］（パッチム：ㄴ）、［m］（パッチム：ㅁ）、［ŋ］（パッチム：ㅇ）の3種類あり、本書の読みがなはそれぞれ［ン］［ム］［ン］としました。ただし、ㅁㅂㅍㅃの前の［m］は［ン］としました。

● パッチムㄹ［l］は小さい［ル］と表記しています。

発音変化

本書では、実際の発音に近づけた読みがなをカタカナでつけてあります。発音が変化する場合があるので、同じ文字でも違う読みがながついている場合があります。いくつかのルールをまとめてみました。

❶ 連音化

文字の最初のㅇは子音がないことを表しているので、前のパッチムの子音が後ろの母音とくっついて発音されます。

例) 音楽：음악 ｼ^{ﾏｸ} ɯm + ak → ɯmak ［으막］

(読みがな「ウマク」)

❷ 鼻音化

パッチム［p］［t］［k］は鼻音（ㅁ、ㄴ）の前にくると、それぞれ鼻音の［m］（ㅁ）、［n］（ㄴ）、［ŋ］（ㅇ）の発音になります。

例) 末っ子：막내 マンネ　mak + ne → maŋne ［망내］

　　 前髪 ：앞머리 アンモリ　ap + mɔ + li → ammɔli ［암머리］

❸ 激音化

ㅂㄷㅈㄱは前後にㅎ［h］があると、結合して激音［ㅍ、ㅌ、ㅊ、ㅋ］で発音されます。

例) 録画：녹화 ノクァ　nok + hwa → nokʰwa ［노콰］

❹ 流音（ㄹ）化

ㄴは、前か後にㄹがあると、［l］で発音されます。

例) 連絡：연락 ヨルラク　yɔn + lak → yɔllak ［열락］

漢字語・英語由来の言葉

韓国語には「약속（約束）ヤクソク」や「운동（運動）ウンドン」など、漢字に由来する「漢字語」があります。これらのうち、学習の手助けとなるものには㵄マークをつけて漢字を表記しました。また、英語由来の単語には㤈マークをつけて英語を表記しました。

漢字語	固有語＋漢字語	漢字語＋外来語
ウンウォンボン	ノレバン	ヘウェ トゥオ
응원봉	노래방	해외 투어
㵄応援棒	㵄一房	㵄海外 㤈tour
ペンライト	カラオケ	海外ツアー

便利な表現

「勉強する」「料理しました」のように、韓国語でも해요（します、しています）ヘヨ、했어요（しました）ヘッソヨを名詞につければ、すぐに会話で使えて便利です。

例) 공부 コンブ → 공부 コンブ ＋ 해요 ヘヨ → 공부해요 コンブヘヨ
　　勉強　　　　勉強　　　しています　　勉強しています

　　요리 ヨリ → 요리 ヨリ ＋ 했어요 ヘッソヨ → 요리했어요 ヨリヘッソヨ
　　料理　　　料理　　　しました　　　料理しました

かな	語頭	語中	かな	語頭	語中	かな	語頭	語中	かな	語頭	語中	かな	語頭	語中
あ	아	아	い	이	이	う	우	우	え	에	에	お	오	오
か	가	카	き	기	키	く	구	쿠	け	게	케	こ	고	코
さ	사	사	し	시	시	す	스	스	せ	세	세	そ	소	소
た	다	타	ち	지	치	つ	쓰	쓰	て	데	테	と	도	토
な	나	나	に	니	니	ぬ	누	누	ね	네	네	の	노	노
は	하	하	ひ	히	히	ふ	후	후	へ	헤	헤	ほ	호	호
ま	마	마	み	미	미	む	무	무	め	메	메	も	모	모
や	아	아	ゆ	유	유	よ	요	요						
ら	라	리	り	리	리	る	루	루	れ	레	레	ろ	로	로
わ	와	와	を	오	오	ん	ㄴ	ㄴ				っ	ㅅ	ㅅ
が	가	가	ぎ	기	기	ぐ	구	구	げ	게	게	ご	고	고
ざ	자	자	じ	지	지	ず	즈	즈	ぜ	제	제	ぞ	조	조
だ	다	다	ぢ	지	지	づ	즈	즈	で	데	데	ど	도	도
ば	바	바	び	비	비	ぶ	부	부	べ	베	베	ぼ	보	보
ぱ	파	파	ぴ	피	피	ぷ	푸	푸	ぺ	페	페	ぽ	포	포

かな	語頭	語中	かな	語頭	語中	かな	語頭	語中	かな	語頭	語中
きゃ	갸	캬	しゃ	샤	샤	ちゃ	자	차	にゃ	냐	냐
きゅ	규	큐	しゅ	슈	슈	ちゅ	주	추	にゅ	뉴	뉴
きょ	교	쿄	しょ	쇼	쇼	ちょ	조	초	にょ	뇨	뇨
ひゃ	햐	햐	みゃ	먀	먀	りゃ	랴	랴	ぎゃ	갸	갸
ひゅ	휴	휴	みゅ	뮤	뮤	りゅ	류	류	ぎゅ	규	규
ひょ	효	효	みょ	묘	묘	りょ	료	료	ぎょ	교	교
じゃ	자	자	びゃ	뱌	뱌	ぴゃ	퍄	퍄			
じゅ	주	주	びゅ	뷰	뷰	ぴゅ	퓨	퓨			
じょ	조	조	びょ	뵤	뵤	ぴょ	표	표			

☐……かな
☐……ハングル(語頭)
☐……ハングル(語中)

※「ん」と「っ」はパッチムの位置に書きます。

Part1

K-POP＆
ショービジネス

大好きな歌手や俳優は
韓国語学習のモチベーション。
お気に入りのスターに伝える気分で、
単語を言ってみましょう。

팬 미팅
ペン　ミティン

ファンミーティング

ソルレムソルレム
설렘설렘
わくわく

ウンウォナゴ　イッソヨ
응원하고 있어요!
応援してます!

シムクン
심쿵
胸キュン

ポゴ　シポッソヨ
보고 싶었어요.
会いたかったです。

トルドル
덜덜
ブルブル

ノム　キンジャンドェヨ
너무 긴장돼요.
とても緊張しています。

パングルパングル
방글방글
にこにこ

ペニエヨ
○○ 팬이에요.
○○のファンです。

注目!

自己紹介

サイン会などでは、スターに直接自己紹介できることも! そんなときは、아키코예요 (アキコ
です) のように、自分の名前に「－예요 (～です)」をつけた○○예요 (○○です) という表
現が便利です。「ジュン (준)」のように「ン」で終わる名前では、「－이에요 (～です)」をつ
けて、준이에요 (ジュンです) とします。ㄴパッチムと이がつながって (連音化)、発音は [チュ
ニエヨ] となります。

15

ペンネト
팬레터
ファンレター

ピョンジジ
편지지
[漢]便紙紙
便せん

ッシエゲ
○○ 씨에게
○○さんへ

ポネヌン サラム
보내는 사람
送り主

ピョンジ
편지
[漢]便紙
手紙

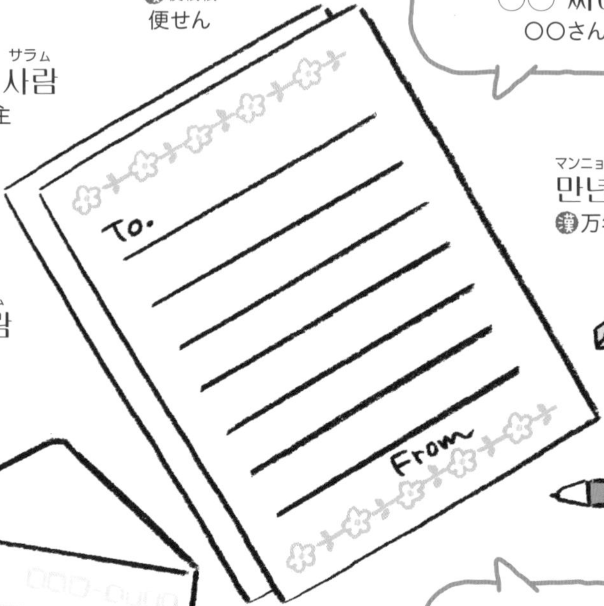

マンニョンピル
만년필
[漢]万年筆

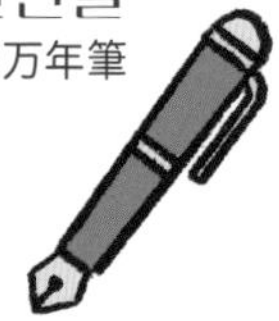

パンヌン サラム
받는 사람
宛先

チュソ
주소
[漢]住所

ポルペン
볼펜
ボールペン

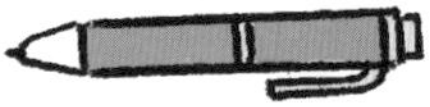

トゥリム
○○ 드림
○○より

ウピョンボノ
우편번호
[漢]郵便番号

ポントゥ
봉투
[漢]封筒

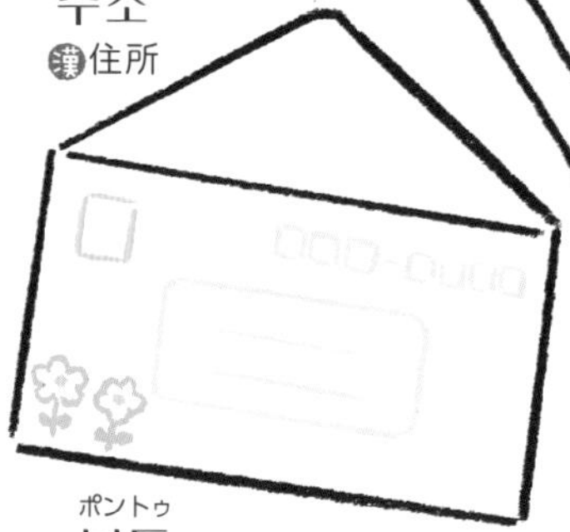

ヨプソ
엽서
[漢]葉書

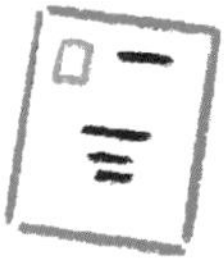

ウピョ
우표
[漢]郵票
切手

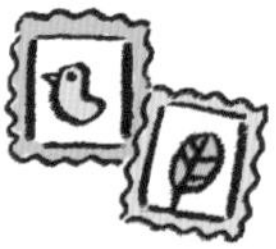

ステンプ
스탬프
スタンプ

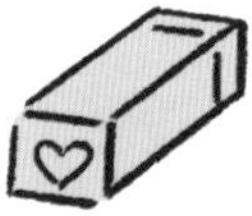

ウチェグク
우체국
[漢]郵逓局
郵便局

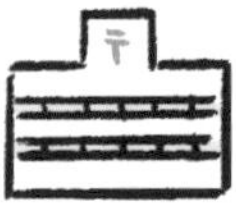

カドゥ
카드
カード

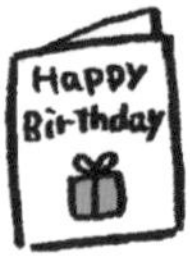

ソポ
소포
[漢]小包

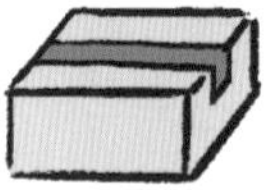

ポストゥイッ
포스트잇
[英]Post-it
付箋

スティコ
스티커
[英]sticker
シール

プル
풀
糊

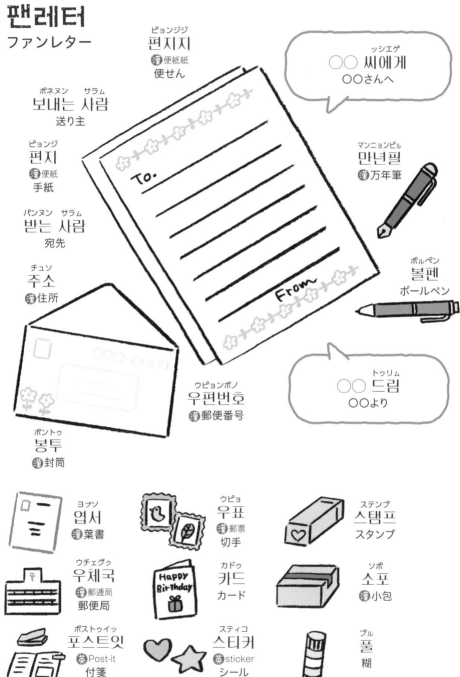

メルロディガ　チョアヨ
멜로디가 좋아요.
メロディが好きです。

イェッポヨ　キュィヨウォヨ
예뻐요. /귀여워요.
かわいいです。

ヌンムリ　ナヨ
눈물이 나요.
涙が出ます。

ヒミ　ナヨ
힘이 나요.
元気が出ます。

カムドンヘッソヨ
감동했어요.
感動しました。

チョウン　ハル　トェセヨ
좋은 하루 되세요.
よい1日をお過ごしください。

注目!

○○さん

敬称「〜さん」にあたるのは、「〜 씨」（漢字語：氏）です。日本語では「金さん」
のように、姓に「〜さん」をつけてもよいのですが、韓国語では「김 씨」の
ように、姓のみに「〜 씨」をつけると失礼になることも。フルネームに「〜
씨」をつけたり、親しくなれば下の名前につけて呼んだりします。

선물
ソンム_ル

プレゼント

メッセージカード
メシジ カドゥ
메시지 카드
メッセージカード

선물
ソンム_ル
澳膳物
プレゼント

장미
チャンミ
澳薔薇
バラ

안개꽃
アンゲッコッ
かすみ草

포장
ポジャン
澳包装
ラッピング

리본
リボン
リボン

꽃다발
ッコッタバ_ル
花束

케이크
ケイク
ケーキ

생일 축하해요!
センイル チュカヘヨ
お誕生日おめでとう!

액세서리
エ_クセソリ
アクセサリー

인형
イニョン
澳人形
ぬいぐるみ

옷
オッ
服

신발
シンバ_ル
靴

과자
クァジャ
澳菓子
お菓子

사랑
サラン
愛

향수
ヒャンス
澳香水

ソンムル　パダ　ジュセヨ
선물 받아 주세요.
プレゼント、受け取ってください。

マウメ　トゥロッソヨ
마음에 들었어요?
気に入りましたか？

チクチョプ　マンドゥロッソヨ
직접 만들었어요.
自分で作りました。

コマウォヨ
고마워요!
ありがとうございます！

年上の人への親しみを込めた呼び方

ヌナ
女 누나 　　 男 형 ヒョン
お姉さん ← → お兄さん
男

オンニ
女 언니 　　 男 오빠 オッパ
お姉さん ← → お兄さん
女

注目！

呼び方

韓国では出会ってすぐに年齢を聞かれることが多く、ちょっとビックリすることがあるかもしれません。しかし、それは相手が仲良くなりたいと思っている証しかも！ 仲良くなって、こちらが年上であれば、年下の女性からは「아키코 언니」（アキコ オンニ）と呼ばれ、距離もグッと近づきます。実の姉のように大切な存在、という気持ちが呼び方に現れているのかもしれませんね。

ウマク　パンソン
음악 방송
歌番組

센방송（センバンソン）
[漢]生放送

퍼포먼스（ポポモンス）
パフォーマンス

녹화 방송（ノクァ パンソン）
[漢]録画 放送
収録放送

방송 날짜（パンソン ナルチャ）
放送日

리허설（リホソル）
リハーサル

본방송 = 본방（ポンバンソン ＝ ポンバン）
[漢]本放送

사전 녹화 = 사녹（サジョン ノクァ ＝ サノク）
[漢]事前録画

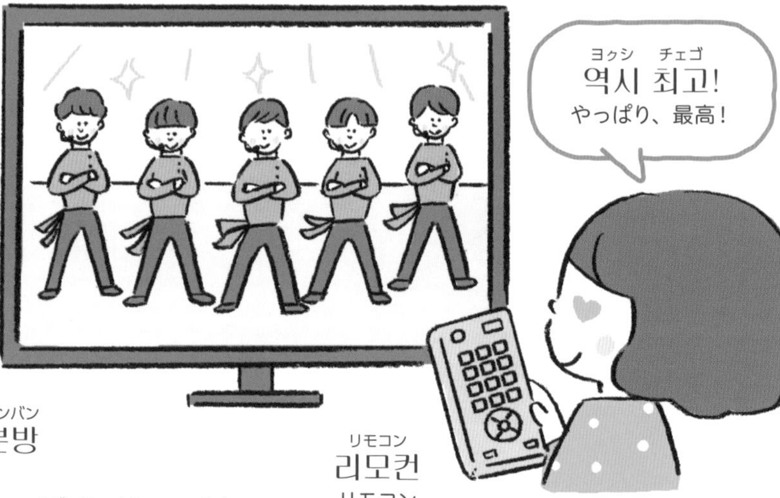

ヨクシ　チェゴ
역시 최고!
やっぱり、最高！

리모컨（リモコン）
リモコン

최애（チェエ）
[漢]最愛
推し

덕질（トクチル）
オタ活

注目!

사녹（サノク）とは？

韓国の歌番組は、通常、生放送収録（본방송（ポンバンソン）：本放送。略して본방（ポンバン））をしているところに事前に録画した映像（사전（サジョン） 녹화（ノクァ）：事前録画。略して사녹（サノク））を入れ込みながら放映されています。사녹（サノク）は歌手ごとに早朝から行われ、それを観覧するにはその歌手の所属事務所運営サイトや팬카페（ペンカペ）（ファンカフェ）を通じて申し込みます。会場ではスターとの距離が近く、大いに盛り上がります。早朝から来てくれているファンのために、スターがフードトラックを準備してくれることもありますよ！

注目!

음원（ウムォン）とは？

음원（ウムォン）とは漢字語で「音源」ですが、有料音楽サイトでダウンロードした曲のことを指します。歌番組のランキングは、음반（ウムバン）（音盤：CD）の売上枚数のほか、음원（ウムォン）ダウンロード数も反映されます。このダウンロード証明が사녹（サノク）の入場時にチェックされることもあります。

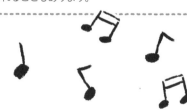

히트 차트

ヒトゥ　チャトゥ

ヒットチャート

랭킹 レンキン ランキング	아티스트명 アティストゥミョン アーティスト名	곡 コク [漢]曲
1	폭풍소년단	파라파라
2	트와이즈	하하호호
3	MOMOMOO	구구꼬꼬

イルィ
1위
[漢]一位

イウィ
2위
[漢]二位

サムィ
3위
[漢]三位

カチャンニョク
가창력
[漢]歌唱力

コンベク
컴백
[英]comeback
カムバック

クッパイ　ムデ
굿바이 무대
[英]goodbye [漢]舞台
グッバイステージ

ヘウェ　トゥオ
해외 투어
[漢]海外 [英]tour
海外ツアー

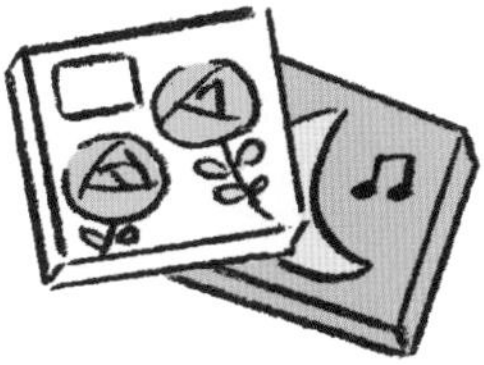

タイトゥルゴク
타이틀곡
タイトル曲

ティジトル　シングル
디지털 싱글
デジタルシングル

チョンギュ　エルボム
정규 앨범
[漢]正規 [英]album
フルアルバム

ミニ　エルボム
미니 앨범
ミニアルバム

ロク
록
ロック

パプ
팝
ポップ

パルラドゥ
발라드
バラード

ウマク
음악
[漢]音楽

チェイパプ
제이팝
J-POP

リメイクゴク
리메이크곡
カバー曲

ソヤン　ウマク
서양 음악
[漢]西洋 音楽
洋楽

ケイパプ
케이팝
K-POP

トゥロトゥ
트로트
韓国演歌

テンスゴク
댄스곡
ダンス曲

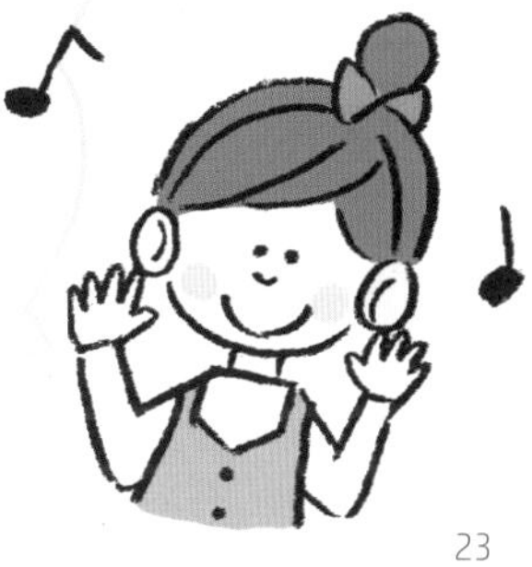

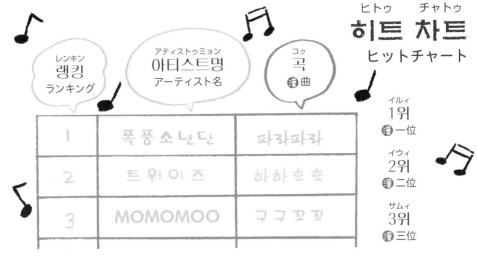

ノレバン
노래방
カラオケ

カンジュ　チョンプ
간주 점프
間奏ジャンプ

ソンテク
선택
🍵選択

テンポ
템포
テンポ

ウムジョン
음정
🍵音程

注目!

カラオケでストレス発散

ノレバン　　　　　　ノレ　　　　　パン
노래방とは、노래（歌）と방（部
屋）からできた単語です。部屋の
作りは日本のカラオケボックスと
似ていますが、韓国では通常、食
事やお酒などの提供はなく、歌う
ことに集中します！

シジャク
시작
🍵始作
スタート

コイン　　ノレバン
코인 노래방
コインカラオケ

チュィソ
취소
🍵取消
キャンセル

シンゴク　アンネ
신곡 안내
🍵新曲案内

インキ　チャトゥ
인기 차트
人気チャート

イェヤク
예약
🍵予約

エニメイション　ソン
애니메이션 송
アニソン

テンボリン
탬버린
タンバリン

エチャンゴク
애창곡
🍵愛唱曲
十八番

カンジュ
간주
🍵間奏

ノレバン　チェク
노래방 책
歌本

シンゴク
신곡
🍵新曲

ヨルチャン
열창
🍵熱唱

ナ
나
あたし、僕

ノ
너
君

タンシン
당신
あなた

ク
그
彼

クニョ
그녀
彼女

チャギ
자기
漢自己
ハニー

ミリョン
미련
漢未練

イビョル
이별
漢離別
別れ

マウム
마음
気持ち

チュオク
추억
漢追憶
思い出

ックム
꿈
夢

サランスロウォ
사랑스러워.
愛らしい。

カジ　マ
가지 마!
行かないで!

ピョンセン
평생
漢平生
一生

カスミ　　アパ
가슴이 아파.
胸が痛い。

ヨンウォニ
영원히!
漢永遠一
永遠に!

ノ　オプシ　サル　ス　オプソ
너 없이 살 수 없어.
君なしじゃ生きられない。

ミアネ
미안해.
ごめんね。

ノチ　アヌル　コヤ
놓지 않을 거야.
離さないよ。

ヘンボカジャ
행복하지.
漢幸福一
幸せになろう。

チキョ　ジュゴ　シポ
지켜 주고 싶어.
守ってあげたい。

マイク
마이크
マイク

25

드라마
トゥラマ
ドラマ

로맨틱 코미디
ロメンティク　コミディ
ラブコメ

월화 드라마
ウォルァ　ドゥラマ
漢 月火　英 drama
月火ドラマ

일일 드라마
イリル　ドゥラマ
漢 日日　英 drama
連日ドラマ

막장 드라마
マクチャン　ドゥラマ
ドロドロドラマ

로맨스 드라마
ロメンス　ドゥラマ
恋愛ドラマ

수목 드라마
スモク　トゥラマ
漢 水木　英 drama
水木ドラマ

주말 드라마
チュマル　ドゥラマ
漢 週末　英 drama
週末ドラマ

멜로드라마
メルロドゥラマ
メロドラマ

사극
サグク
漢 史劇
時代劇

눈물 나.
ヌンムル　ナ
泣ける。

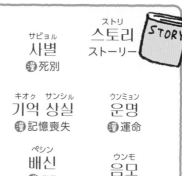

헤어지자.
ヘオジジャ
別れよう。

사랑해! 너밖에 없어.
サランヘ　ノバッケ　オプソ
愛してる！君しかいない。

엔딩
エンディン
エンディング

해피 엔딩
ヘピ　エンディン
英 happy ending
ハッピーエンド

새드 엔딩
セドゥ　エンディン
英 sad ending
悲しい結末

대박
テバク
大ヒット

시청률
シチョンニュル
漢 視聴率

고시청률
コシチョンニュル
漢 高視聴率

조기 종영
チョギ　チョンヨン
漢 早期 終映
打ち切り

50.8% !!

사별
サビョル
漢 死別

스토리
ストリ
ストーリー
STORY

기억 상실
キオク　サンシル
漢 記憶喪失

운명
ウンミョン
漢 運命

배신
ペシン
漢 背信
裏切り

음모
ウンモ
漢 陰謀

출생의 비밀
チュルセンエ　ピミル
漢 出生ー秘密
出生の秘密

불륜
プルリュン
漢 不倫

チョアリョンジ
촬영지
㊀撮影地
ロケ地

チョアリョンジ トゥオ
촬영지 투어
㊀撮影地 ㊕tour
ロケ地巡り

注目!

サイダ ドゥラマ
사이다 드라마とは?
炭酸飲料を飲んだ後のように、見ていてスッキリする! そんな勧善懲悪ドラマを사이다 드라마と言います。逆に、展開がじれったいドラマをさつまいも(고구마)にたとえて고구마 드라마と言います。まさに、ノドが詰まるイメージですね。

テボン
대본
㊀台本

チョヨン
조연
㊀助演

ヤウェ チョアリョン
야외 촬영
㊀野外 撮影
ロケ

チュヨン
주연
㊀主演

カクポン
각본
㊀脚本
シナリオ

チョアリョン ヒョンジャン
촬영 현장
㊀撮影現場

キス シン
키스 신
キスシーン

エクション シン
액션 신
アクションシーン

エンディン シン
엔딩 신
ラストシーン

ヨベウ **여배우** ㊀女俳優 女優	ベウ **배우** ㊀俳優
インキ ベウ **인기 배우** ㊀人気俳優	ケソンパ ベウ **개성파 배우** ㊀個性派俳優
アヨク **아역** ㊀児役 子役	ヨンギパ ベウ **연기파 배우** ㊀演技派俳優

27

シサンシク
시상식
授賞式

ヨンファジェ
영화제
漢映画祭

プルレシ
플래시
フラッシュ

チャルカク
찰칵!
カシャ!

オルリムモリ
올림머리
アップヘア

キン モリ
긴 머리
ロングヘア

リポト
리포터
レポーター

テポ　カメラ
대포 카메라
望遠カメラ

ナビネクタイ
나비넥타이
蝶ネクタイ

リムジン
리무진
リムジン

ポソク
보석
漢宝石

ペウ
배우
漢俳優

レドゥ　カペッ
레드 카펫
レッドカーペット

キジャ
기자
漢記者

カメラメン
카메라맨
カメラマン

トゥレス
드레스
ドレス

トクシド
턱시도
タキシード

チュヨンサン
주연상
漢主演賞

チョヨンサン
조연상
漢助演賞

カムドクサン
감독상
漢監督賞

チャクプムサン
작품상
漢作品賞

シニンサン
신인상
漢新人賞

インキサン
인기상
漢人気賞

スポトゥライトゥ
스포트라이트
スポットライト
ヨングァンイムニダ
영광입니다!
光栄です!
スサン ソガム
수상 소감
[漢]受賞 所感
受賞コメント
ハン マルスム プタクトゥリムニダ
한 말씀 부탁드립니다.
ひとことお願いします。
ヌンムル
눈물
涙
トゥロピ
트로피
トロフィー
カムサ
감사
[漢]感謝
スサンジャ
수상자
[漢]受賞者
サフェジャ
사회자
[漢]司会者
ヒル
힐
ヒール
マイク
마이크
マイク
ハイヒル
하이힐
ハイヒール

ヨンギデサン
연기대상
[漢]演技大賞
カヨデサン
가요대상
[漢]歌謡大賞
ヨネデサン
연예대상
[漢]演芸大賞
コメディ(芸能)大賞
ミュジク オウォドゥ
뮤직 어워드
ミュージックアワード
イェスルデサン
예술대상
[漢]芸術大賞
ペストゥ
베스트
コプルサン
커플상
ベストカップル賞

つぶやきハングル

キュィホガン
귀호강

耳の保養

귀は「耳」、호강は「ぜいたく」のことで、「耳の保養」といった意味です。素敵な歌をみんなに伝えたい、そんなときに一緒に添えてみよう。

Part2
インターネット
＆SNS

旅やトレンド情報の収集に欠かせません。
ネットやSNSの単語が増えると、
オンラインの時間も
さらに楽しくなります。

メシンジョ エプ
메신저 앱
メッセンジャーアプリ

ペゴプ
백업
バックアップ

イモティコン
이모티콘
絵文字・スタンプ

テマ
테마
着せ替えテーマ

タウンロドゥ
다운로드
ダウンロード

ヨンサン トンファ
영상 통화
漢 映像 通話
テレビ通話

ログイン
로그인
ログイン

オニンストル
언인스톨
アンインストール

オジェヌン コマウォッソ
어제는 고마웠어.
昨日はありがとう。

クェンチャナ チングジャナ
괜찮아. 친구잖아!
大丈夫だよ。友達じゃん！

kim

ストリ
스토리
ストーリー

チング シンチョン
친구 신청
漢 親旧 申請
友達申請

イクシプ
읽씹
既読スルー

チャダン
차단
漢 遮断
ブロック

チング トゥンノク
친구 등록
漢 親旧 登録
友達登録

カムジョン ピョヒョン
감정 표현
漢 感情表現

チョアヨ
좋아요

モッチョヨ
멋져요

キッポヨ
기뻐요

アシュィウォヨ
아쉬워요

パイティン
파이팅

注目！

タントクパン
단톡방とは？

韓国ではメッセンジャーアプリ
は카카오톡（カカオトーク）が主
流です。단톡방とは「단체（団
体）톡（トーク）방（部屋）」の略
で、チャットグループのことです。
メンバー同士で단톡방を使って
コミュニケーションを取っている
アイドルも多いようで、ときどき
メンバーの面白い発言や写真を
キャプチャーしてSNSにアップ
してファンに公開してくれること
もありますよ。

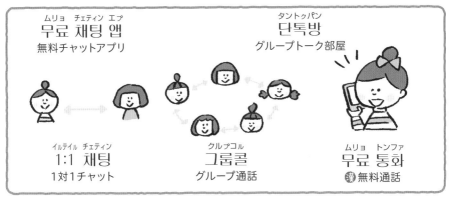

ムリョ　チェティン　エプ
무료 채팅 앱
無料チャットアプリ

タントゥパン
단톡방
グループトーク部屋

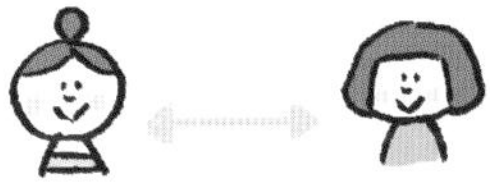

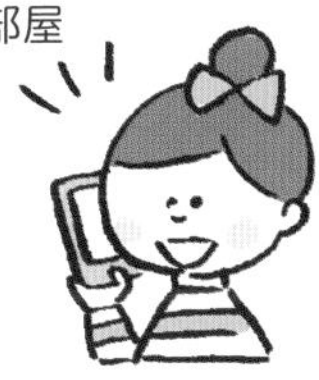

イルテイル　チェティン
1:1 채팅
1対1チャット

クルプコル
그룹콜
グループ通話

ムリョ　トンファ
무료 통화
[漢]無料通話

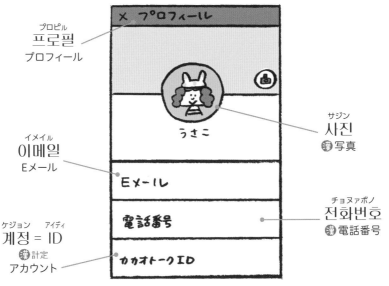

プロピル
프로필
プロフィール

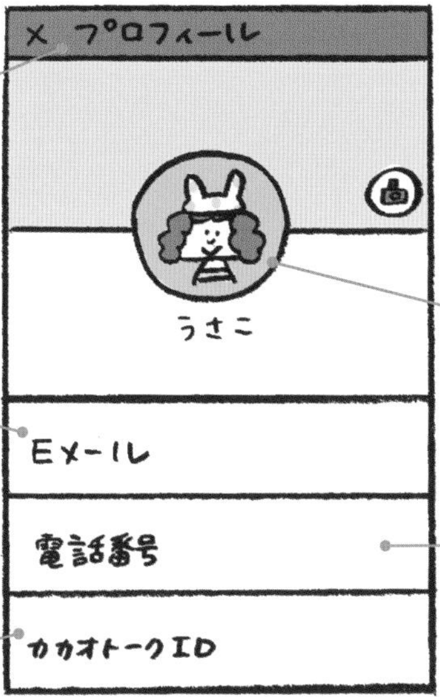

サジン
사진
[漢]写真

イメイル
이메일
Eメール

チョヌァボノ
전화번호
[漢]電話番号

ケジョン　　アイディ
계정 = ID
[漢]計定
アカウント

サジン　ピルト　キヌン
사진 필터 기능
写真フィルター機能

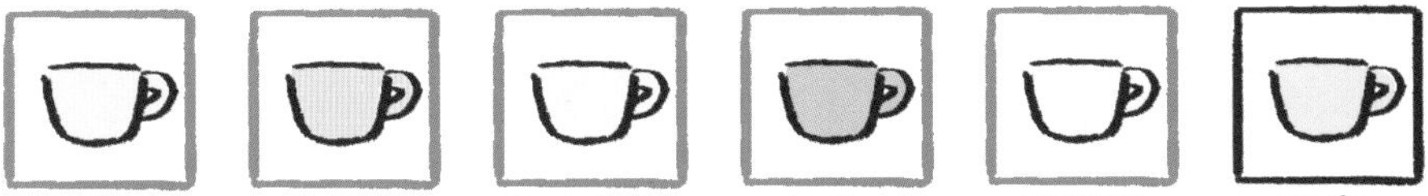

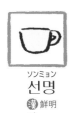

ソンミョン
선명
[漢]鮮明
Sharp

ッタットゥタム
따뜻함
Warm

シャンペイン
샴페인
Champagne

タルコム
달콤
Sweet

ソムサタン
솜사탕
[漢]ー沙糖
Cotton candy

タルピッ
달빛
Moonlight

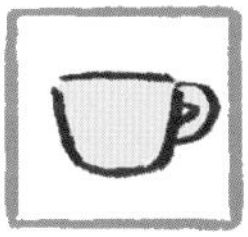

ピルルム
필름
Film

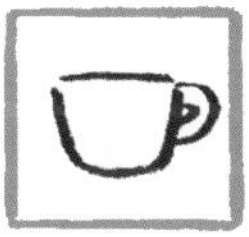

イルサン
일상
[漢]日常
Simple

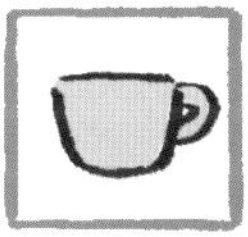

クレイ
그레이
Gray

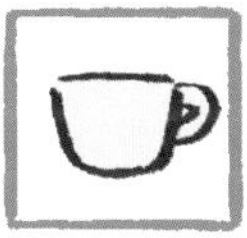

タナハム
단아함
[漢]端雅ー
Classic

인스타그램
インスタグレム

インスタグラム

#카페
#カフェ
カペ

검색
コムセク
漢検索

투고
トゥゴ
漢投稿

해쉬태그
ヘシュィテグ
ハッシュタグ

셀카
セルカ
自撮り写真

좋아요!
チョアヨ
いいね！

사진발
サジンパル
写真映え

인스타 라이브
インスタ ライブ
インスタライブ

스와이프
スワイプ
スワイプ

탭
テプ
タップ

스크롤
スクロール
スクロール

피드
ピドゥ
フィード

리포스트
リポストゥ
リポスト

トゥウィット
트위터
ツイッター

トゥウィッ
트윗
ツイート

リトゥウィッ　アルティ
리트윗 = 알티
リツイート　茂RT

ユジョ
유저
ユーザー

パルロウ
팔로우
フォロー

パルロウォ
팔로워
フォロワー

ティエム
디엠
DM

kim-chan
@kim-chan0203
今ソウル!

park-chan
返信先:@kim-chan0203
いいな〜!

kim-chan
@kim-chan0203
おいしかったよ!

チグム　ソウル　トチャク
지금 서울 도착!
今、ソウル到着!

チョケッタ
좋겠다!
いいなー!

マシッソッソ
맛있었어!
おいしかったよ!

タムラ　　タイムライン
탐라 = 타임라인
タイムライン

ファクサン
확산
茂拡散

サクチェ
삭제
茂削除

トゥチン　トゥウィト　チング
트친 = 트위터 친구
ツイッター友達

コンユ
공유
茂共有
シェア

ファジェ
화제
茂話題

ソンパル
선팔
先にフォロー

マッパル
맛팔
相互フォロー

シルシガン　トゥレンドゥ
(실시간) 트렌드
(茂実時間)
(リアルタイム)トレンド

ナド　モッコ　シポ
나도 먹고 싶어!
あたしも食べたいな!

페이스북 = 페북
ペイスブク　ペブク

フェイスブック

신규 가입
シンギュ　カイプ
 新規加入

친구 신청
チング　シンチョン
漢 親旧 申請
友達申請

친구
チング
漢 親旧
友達

교류
キョリュ
漢 交流

고등학교 동창이야!
コドゥンハッキョ　トンチャンイヤ
高校の同級生だー!

공유
コンユ
漢 共有
シェア

그룹
クルプ
グループ

태그 달기
テグ　タルギ
タグ付け

우리 미케에요!
ウリ　ミケエヨ
うちのミケです!

웹서핑
ウェプソピン
ネットサーフィン

알 수도 있는 사람
アル　スド　インヌン　サラム
「知り合いかも」

즐겨찾기
チュルギョチャッキ
お気に入り

북마크
ブンマク
ブックマーク

클릭!
クルリク
クリック!

イントネッ
인터넷①
インターネット①

ノトゥブク
노트북
🇰 notebook
ノートパソコン

テブルリッ
태블릿
タブレット

テスクトプ
데스크톱
デスクトップ

モニト　ファミョン
모니터 화면
モニター画面

ワイパイ
와이파이
Wi-Fi

キボドゥ
키보드
キーボード

マウス
마우스
マウス

チョム
점
🇰 点
. (ピリオド)

スルレシ
슬래시
／ (スラッシュ)

ムルンピョ
물음표
? (クエスチョンマーク)

コルベンイ　エンマク
골뱅이 / 앳마크
@ (アットマーク)

ミッチュル
밑줄
__ (アンダーバー)

ハイプン　テシ
하이픈 / 대시
ー (ハイフン/ダッシュ)

ユテュブ
유튜브
YouTube

ユテュボ
유튜버
ユーチューバー

テックル
댓글
コメント

トンヨンサン
동영상
🇰 動映像
動画

チェセン
재생
🇰 再生

クドク
구독
🇰 購読
チャンネル登録

イントネッ
인터넷②
インターネット②

メイル
메일
メール

ポネギ
보내기
送信

スシン
수신
[漢]受信

タプチャン
답장
[漢]答状
返信

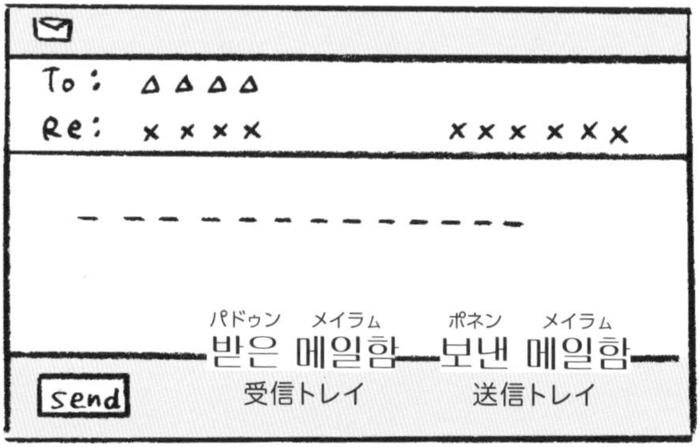

To : △△△△
Re : ××××　××××××
send

パンヌン　サラム
받는 사람
宛先

メイル　ジュソ
메일 주소
[英]mail [漢]住所
メールアドレス

パドゥン　メイラム
받은 메일함
受信トレイ

ポネン　メイラム
보낸 메일함
送信トレイ

チョンダル
전달
[漢]伝達
転送

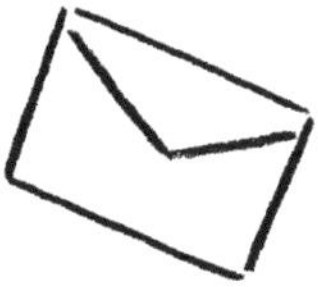

ログイン
로그인
ログイン

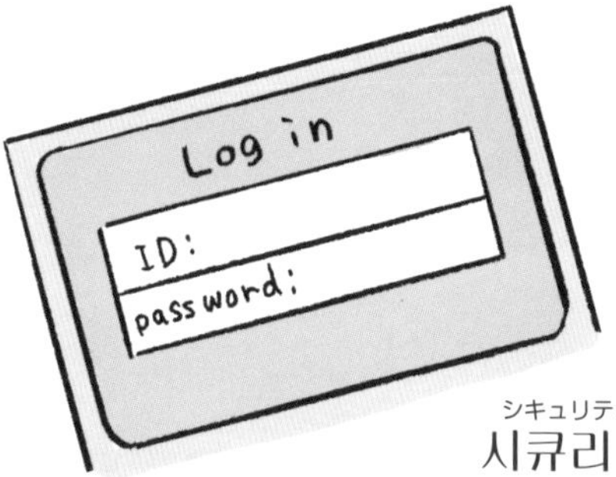

Log in
ID:
password:

ログアウッ
로그아웃
ログアウト

イムニョク
입력
[漢]入力

ピミルボノ
비밀번호
[漢]秘密番号
パスワード

パイロス
바이러스
ウィルス

シキュリティ
시큐리티
セキュリティー

ホンペイジ
홈페이지
ホームページ

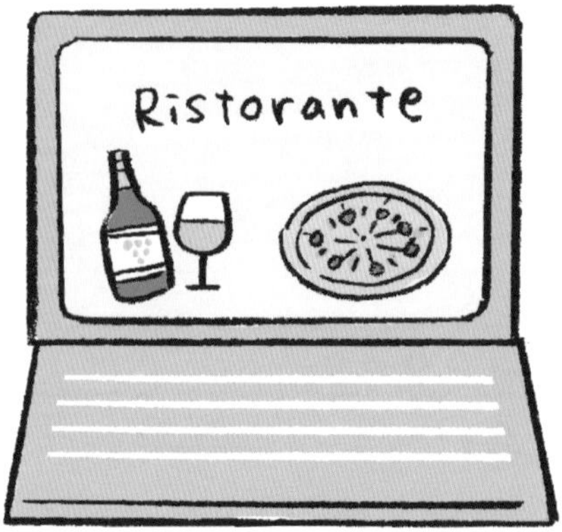

Ristorante

フギ
후기
[漢]後記
レビュー／口コミ

キュアル　コドゥ
QR코드
QRコード

ウィキペックァ
위키백과
[英]wiki [漢]百科
ウィキペディア

プルログ
블로그
ブログ

プルロゴ
블로거
ブロガー

パウォ　ブルロゴ
파워 블로거
パワーブロガー

ケシパン
게시판
[漢]掲示板

スマトゥポン
스마트폰
スマートフォン・スマホ

말풍선:
チャル チネ
잘 지내?
元気？

エスエネス
에스엔에스
SNS

ペギョン ファミョン
배경 화면
(韓)背景 画面
待ち受け画面

ヒュデポン ヘンドゥポン
휴대폰/핸드폰
(韓)携帯(英)phone／(英)handphone
携帯電話

ペルソリ
벨소리
着信音

メノモドゥ
매너모드
マナーモード

エプ オプル
앱・어플
アプリ

エプ ストオ
앱 스토이
アプリストア

スマトゥポン ケイス
스마트폰 케이스
スマホケース

タシボギ
다시보기
見逃し動画配信サービス

ウェプトゥン
웹툰
ウェブ漫画

オンライン ゲイム
온라인 게임
オンラインゲーム

ポジョ ペトリ
보조 배터리
補助バッテリー

ワイパイ
와이파이
Wi-Fi

チェティン
채팅
チャット

イオポン
이어폰
イヤホン

컴퓨터 & 스마트폰 주변 기기
コンピュト スマトゥポン チュビョン キギ

パソコン&スマホ周辺機器

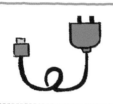
チュンジョンギ
충전기
🌏充電器

ポケッ
포켓
ワイパイ
와이파이
🇬pocket Wi-Fi
ポケットWi-Fi

ユエスビ メモリ
USB메모리
USBメモリ

ムソンレン
무선랜
🌏無線 🇬LAN
無線LAN

ケイブル
케이블
ケーブル

プリント
프린터
プリンター

モルティテプ
멀티탭
🇬multi tap
延長コード

スケノ
스캐너
スキャナー

イドンシク
이동식
ハドゥディスク
하드디스크
🌏移動式 🇬hard disc
外付けハードディスク

インク
잉크
カトゥリジ
카트리지
インクカートリッジ

ワイパイ
와이파이
コンユギ
공유기
🇬Wi-Fi 🌏共有器
Wi-Fiルーター

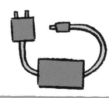
オデプト
어댑터
アダプター

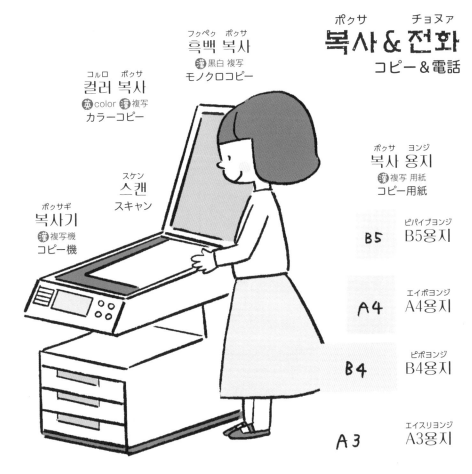

복사 & 전화
コピー＆電話

컬러 복사
英color 漢複写
カラーコピー

흑백 복사
漢黒白 複写
モノクロコピー

스캔
スキャン

복사기
漢複写機
コピー機

복사 용지
漢複写 用紙
コピー用紙

B5 B5용지
B5用紙

A4 A4용지
A4用紙

B4 B4용지
B4用紙

A3 A3용지
A3用紙

전화
漢電話

팩스
ファックス

전화번호
漢電話番号

팩스번호
英fax 漢番号
ファックス番号

자동 응답 전화
漢自動 応答 電話
留守番電話

무선 전화
漢無線 電話
コードレス電話

발신 번호 표시
漢発信 番号 表示
ナンバーディスプレイ

41

인터넷 쇼핑

イントネッ ショピン

ネットショッピング

판매 순위
パンメ スヌィ
🈂販売 順位
売れ筋ランキング

인기 상품
インキ サンプム
🈂人気商品

베스트셀러
ペストゥセルロ
ベストセラー

여성복
ヨソンボク
🈂女性服
レディース

남성복
ナムソンボク
🈂男性服
メンズ

후기
フギ
🈂後記
レビュー／口コミ

충동구매
チュンドングメ
🈂衝動購買
衝動買い

쇼핑 중독
ショピン チュンドク
🈐shopping 🈂中毒
買い物依存症

갖고 싶어!
カッコ シポ
欲しい！

착불
チャクプル
🈂着払
着払い

할부
ハルブ
🈂割賦
分割払い

일시불
イルシブル
🈂一時払
一括払い

신용 카드
シニョン カドゥ
🈂信用 🈐card
クレジットカード

ティショチュ
티셔츠
Tシャツ

チェキッ
재킷
ジャケット

パジ
바지
ズボン

ソゴッ
속옷
下着

チマ
치마
スカート

ヤンマル
양말
(漢)洋襪
靴下

コトゥ
코트
コート

スタキン
스타킹
ストッキング

ウォンピス
원피스
ワンピース

レギンス
레깅스
レギンス

ペンティ
팬티
パンツ

スヨンボク
수영복
(漢)水泳服
水着

シュトゥ　チョンジャン
슈트 / 정장
※스트とも。(漢)正装
スーツ/フォーマルな服

ウビ　ピオッ
우비・비옷
(漢)雨備
レインウェア

소품 & 신발
ソプム　シンバル

小物 & 靴

지갑
チガプ

漢 紙匣
財布

손목시계
ソンモクシゲ

漢 一時計
腕時計

선글라스
ソングルラス

サングラス

가발
カバル

漢 仮髪
ウィッグ

안경
アンギョン

漢 眼鏡

머리띠
モリッティ

カチューシャ

벨트
ペルトゥ

ベルト

스크런치
スクロンチ

シュシュ

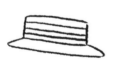

모자
モジャ

漢 帽子

장갑
チャンガプ

漢 掌甲
手袋

스카프
スカプ

スカーフ

숄
ショル

ショール

우산 / 양산
ウサン　　ヤンサン

漢 雨傘／陽傘
傘／日傘

머플러・목도리
モプルロ　　　モクトリ

マフラー

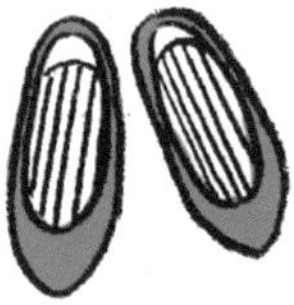 ポンプス 펌프스 パンプス	 チャンファ 장화 [漢] 長靴
 ウンドンファ 운동화 [漢] 運動靴 スニーカー	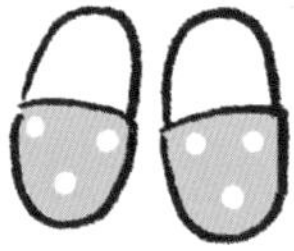 スルリポ 슬리퍼 スリッパ
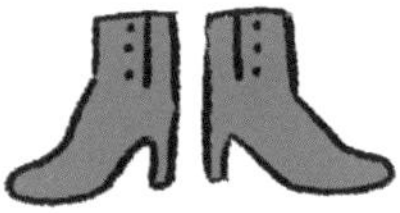 プチュ 부츠 ブーツ	 カバン　ペク 가방・백 バッグ
 センドゥル 샌들 サンダル	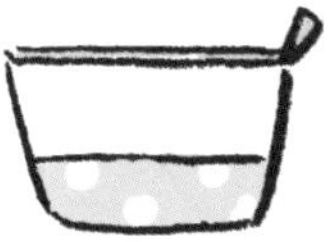 パウチ 파우치 ポーチ
 プルレッ　シュジュ 플랫 슈즈 [英] flat shoes フラットシューズ	 ソンスゴン 손수건 [漢] 一手巾 ハンカチ
 ロポ 로퍼 ローファー	 キュィマゲ 귀마개 イヤマフ
 スルリポン 슬립온 スリッポン	 キホルド 키홀더・ ヨルソェゴリ 열쇠고리 キーホルダー

オンラインゲイム
온라인게임
オンラインゲーム

トゥディ
2D
2D
スリディ
3D
3D
チョントゥ
전투
[漢]戦闘
モホム
모험
[漢]冒険
コンギョク
공격
[漢]攻撃
ケリックト
캐릭터
キャラクター
スミョン プジョク
수면 부족
[漢]睡眠不足
ヘドゥポン
헤드폰
ヘッドホン
イントネッ チュンドク
인터넷 중독
[英]internet [漢]中毒
ネット依存症
クァグム
과금
[漢]課金

エクション
액션
アクション

キョンマ
경마
邇競馬

ユクソン
육성
邇育成

ナクシ
낚시
釣り

チョルリャク
전략
邇戦略

カドゥ
카드
カード

キョンヨン　シミュルレイション
경영 시뮬레이션
邇経営シミュレーション

マジャク
마작
邇麻雀

スポチュ
스포츠
スポーツ

パンタジ
판타지
ファンタジー

ヤグ
야구
邇野球

ポジュル
퍼즐
パズル

チュック
축구
邇蹴球
サッカー

ヨクサ
역사
邇歴史

つぶやきハングル

ソトンヘヨ
소통해요

仲良くしましょう

소통(ソトン)は「疎通」で、「仲良くしましょう」という意味。同じ趣味や好みの人とつながりたいときに使ってみましょう。お互いに팔로우(パルロウ)（フォロー）し合うことを맞팔(マッパル)と言います。

Part3

ファッション＆美容

韓国と言えばやっぱり、
ファッションや美容も気になりますよね。
こんな単語を知っていると、
韓国がますます身近になりそう。

ペション
패션 ①
ファッション①

ケンモジャ
캡모자
英cap 漢帽子
キャップ

パッ
팝
ポップ

ピタミン　コルロ
비타민 컬러
ビタミンカラー

フドゥティ
후드티
パーカー

ホルロンホルロン
헐렁헐렁
ぶかぶか

ツチャルブン　チマ　ミニスコトゥ
짧은 치마·미니스커트
ミニスカート

ショルドベク
숄더백
ショルダーバッグ

ウンドンファ
운동화
漢運動靴
スニーカー

注目!
学生街へGO！
洋服と言えば、동대문시장(東大門市場)を思い浮かべる方も多いかもしれませんが、学生街にも注目してみましょう。流行の発信地とも言える홍대(ホンデ)は홍익대학교(弘益大学校)周辺エリアです。洋服のオススメは、이대(이화여자대학교：梨花女子大学校)などの女子大周辺エリアで、最新でリーズナブルなアイテムがいっぱい！ カフェ、雑貨、コスメショップも多く、今の流行をチェックするにも最適ですよ。

ペミニン
페미닌
フェミニン

ヘオピン
헤어핀
ヘアピン

トトゥルレク
터틀넥
タートルネック

ニトゥ　スウェト
니트 스웨터
ニットセーター

スキニ　ジン
스키니 진
スキニージーンズ

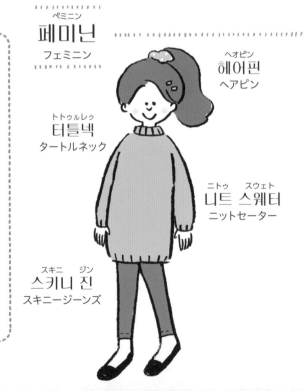

スポティ
스포티
スポーティ

ウアハム
우아함
エレガント

プイネク
브이넥
Vネック

ミンソメ
민소매
ノースリーブ

パンバジ
반바지
圏半－
ショートパンツ

ヤンマル
양말
圏洋襪
ソックス

クルロチベク
클러치백
クラッチバッグ

カクソンミ
각선미
圏脚線美
美脚

ヘオベンドゥ
헤어밴드
ヘアバンド

ッタウン　モリ
땋은 머리
みつあみ

ケミソル
캐미솔
キャミソール

シスル
시스루
シースルー

ハヌラヌル
하늘하늘
ひらひら

ソメ
소매
袖

패션②
ペション
ファッション②

パステル コルロ
파스텔 컬러
パステルカラー

ロブルリ スタイル
러블리 스타일
ラブリースタイル

ニトゥ モジャ
니트 모자
㊛knit ㊐帽子
ニット帽

コル
컬
カール

ロブルリ
러블리
ラブリー

ウェイブ
웨이브
巻き髪

コプスルモリ
곱슬머리
天然パーマ

チュルムニ
줄무늬
ボーダー

カディゴン
가디건
カーディガン

モリッティ
머리띠
カチューシャ

テディベオ
테디베어
テディベア

リボン
리본
リボン

レイス
레이스
レース

ヘオ エクセソリ
헤어 액세서리
ヘアアクセサリー

チャス
자수
㊐刺繍

プリル
프릴
フリル

ウォンピス
원피스
ワンピース

캐주얼 시크
ケジュオル　シク
カジュアルシック

보브컷 _{ポブコッ}
🌐 bob cut
ボブ

재킷 _{チェキッ}
ジャケット

뽈테 안경 _{ップルテ　アンギョン}
太縁メガネ

세미롱 _{セミロン}
セミロング

찰랑찰랑 _{チャルランチャルラン}
（髪が）さらさら

백팩 _{ペクペク}
🌐 backpack
リュック

서츠 원피스 _{ショツ　ウォンピス}
シャツワンピース

긴소매 _{キンソメ}
長袖

청바지 _{チョンバジ}
ジーンズ

헐렁헐렁 _{ホルロンホルロン}
だぼだぼ

무늬
ムニ
柄

꽃무늬 _{ッコンムニ}
花柄

체크무늬 _{チェクムニ}
チェック柄

물방울무늬 _{ムルパンウルムニ}
ドット柄

격자무늬 _{キョクチャムニ}
格子柄

하트무늬 _{ハトゥムニ}
ハート柄

스트라이프 _{ストゥライプ}
ストライプ

ペション
패션③
ファッション③

チェヒョン
체형
簿体型

ナルシネヨ
날씬해요
ほっそりしています

ットントンヘヨ
뚱뚱해요
ぽっちゃりしています

ファリョヘヨ
화려해요
簿華麗ー
派手です

ススヘヨ
수수해요
地味です

ペション チャプチ
패션 잡지
英fashion 簿雑誌
ファッション雑誌

Natural

MODE
vol.＿

ミョンプム
명품
簿名品
ブランド

モデル
모델
モデル

ペションショ
패션쇼
ファッションショー

トゥレンドゥ
트렌드
トレンド

ロヌェイ
런웨이
ランウェイ

サイジュ
사이즈
サイズ

コヨ
커요
大きいです

チャガヨ
작아요
小さいです

タルン セッカル
다른 색깔
色違い

ピティンルム
피팅룸
試着室

ッタギネ
딱이네!
ぴったりね!

プルラウス
블라우스
ブラウス

カギョクピョ
가격표
價価格表
値札

コトゥン
커튼
カーテン

ピティン
피팅
試着

プルレオスコトゥ
플레어스커트
フレアスカート

タイチュ
타이츠
タイツ

ピオシン
피어싱
ピアス

チポ
지퍼
ジッパー

スタキン
스타킹
ストッキング

チュモニ
주머니
ポケット

レギンス
레깅스
レギンス

キュィゴリ
귀걸이
イヤリング

タンチュ
단추
ボタン

パジ
바지
パンツ

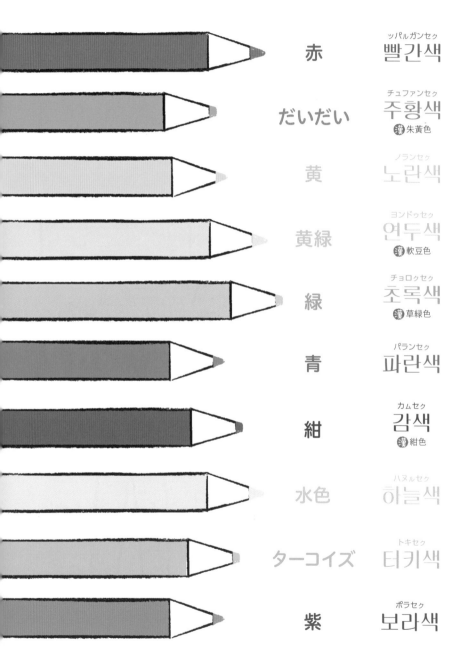

赤	ツパルガンセク 빨간색	
だいだい	チュファンセク 주황색 漢朱黄色	
黄	ノランセク 노란색	
黄緑	ヨンドゥセク 연두색 漢軟豆色	
緑	チョロクセク 조록색 漢草緑色	
青	パランセク 파란색	
紺	カムセク 감색 漢紺色	
水色	ハヌルセク 하늘색	
ターコイズ	トキセク 터키색	
紫	ポラセク 보라색	

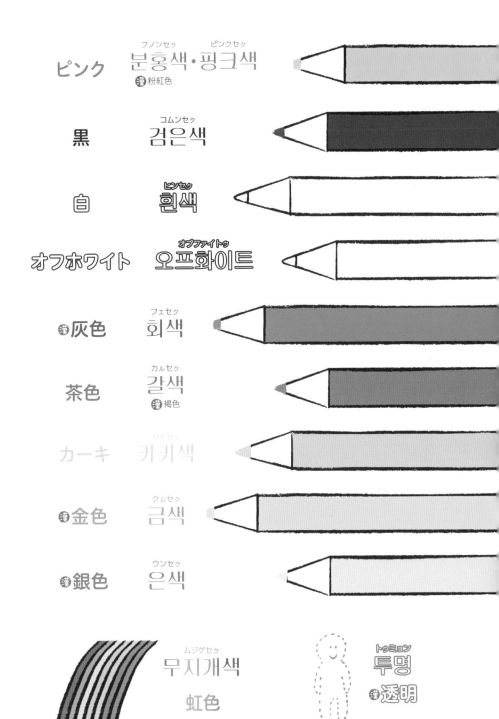

ピンク　フノンセク 분홍색・ピンクセク 핑크색
[漢] 粉紅色

黒　コムンセク 검은색

白　ヒンセク 흰색

オフホワイト　オプファイトゥ 오프화이트

[漢] 灰色　フェセク 회색

茶色　カルセク 갈색
[漢] 褐色

カーキ　カキセク 카키색

[漢] 金色　クムセク 금색

[漢] 銀色　ウンセク 은색

ムジゲセク
무지개색
虹色

トゥミョン
투명
[漢] 透明

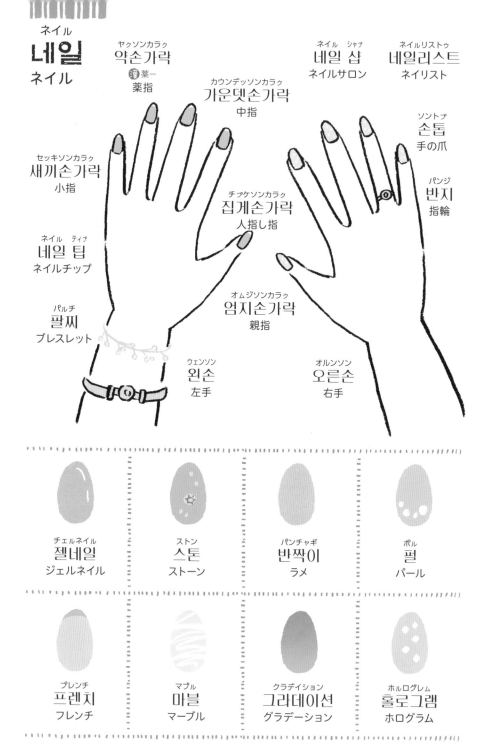

네일
ネイル
ネイル

ヤクソンカラク
악손가락
薬指

カウンデッソンカラク
가운뎃손가락
中指

ネイル シャプ
네일 샵
ネイルサロン

ネイルリストゥ
네일리스트
ネイリスト

ソントプ
손톱
手の爪

パンジ
반지
指輪

セッキソンカラク
새끼손가락
小指

チプケソンカラク
집게손가락
人指し指

ネイル ティプ
네일 팁
ネイルチップ

オムジソンカラク
엄지손가락
親指

パルチ
팔찌
ブレスレット

ウェンソン
왼손
左手

オルンソン
오른손
右手

チェルネイル
젤네일
ジェルネイル

ストン
스톤
ストーン

パンチャギ
반짝이
ラメ

ポル
펄
パール

プレンチ
프렌치
フレンチ

マブル
마블
マーブル

クラデイション
그라데이션
グラデーション

ホルログレム
홀로그램
ホログラム

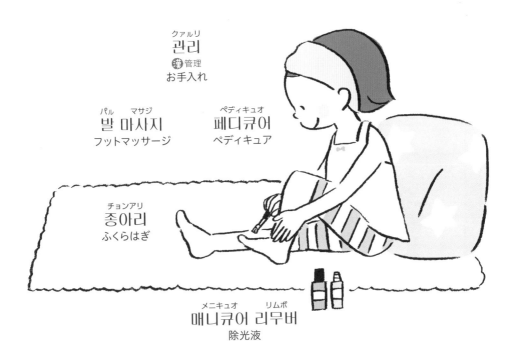

クァルリ
관리
(準)管理
お手入れ

パル　マサジ
발 마사지
フットマッサージ

ペディキュオ
페디큐어
ペディキュア

チョンアリ
종아리
ふくらはぎ

メニキュオ　リムボ
매니큐어 리무버
除光液

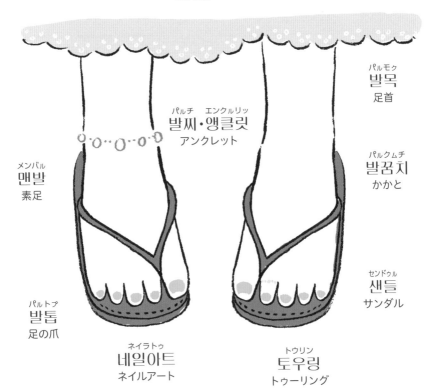

パルモク
발목
足首

パルチ　エンクルリッ
발찌・앵클릿
アンクレット

パルクムチ
발꿈치
かかと

メンバル
맨발
素足

センドゥル
샌들
サンダル

パルトプ
발톱
足の爪

ネイラトゥ
네일아트
ネイルアート

トウリン
토우링
トゥーリング

59

メイク

メイク

메이크

メイク

파우더룸
パウドルム

パウダールーム

화장
ファジャン

韓 化粧

풀 메이크업
プル メイクオプ

フルメイク

포인트 메이크업
ポイントゥ メイクオプ

ポイントメイク

손거울
ソンコウル

手鏡

파우치
パウチ

ポーチ

립스틱
リプスティク

口紅

퍼프
ポプ

パフ

화장품
ファジャンプム

化粧品

파운데이션
パウンデイション

ファンデーション

리퀴드 파운데이션
リキュイドゥ パウンデイション

リキッドファンデーション

파우더
パウド

パウダー

마스카라
マスカラ

マスカラ

아이브로우
アイブロウ

アイブロウ

아이라인
アイライン

アイライン

컨실러
コンシルロ

コンシーラー

치크
チク

チーク

립글로스
リプクルロス

グロス

キミ
기미
しみ

チュグンケ
주근깨
そばかす

チュルム
주름
しわ

タクソクル
다크서클
[英]dark circle
くま

パルチャ チュルム
팔자 주름
[漢]八字 ー
ほうれい線

チョジム
처짐
たるみ

センギ
생기
[漢]生気
張り

ユンキ
윤기
[漢]潤気
潤い

トゥミョンガム
투명감
[漢]透明感

ヨドゥルム
여드름
ニキビ

ピビクリム
BB크림
BBクリーム

アイシェド
아이섀도
アイシャドウ

ヒャンス
향수
[漢]香水

注目!

乾燥との戦い！ コスメ事情

韓国は大陸性気候のため、冬はとっても乾燥します。そのためか、潤いに特化したフェイスパック、スキンケア商品、クッションファンデーションなど、種類もとても豊富です。体によいものは肌にもよいということで、高麗人参を使ったアイテムがあるのも珍しいですね。コスメグッズのオススメは、ハンドクリーム！ しっとりスベスベになるのはもちろんのこと、香りやパッケージデザインもさまざまなので、ぜひコスメショップで試してみてください。バラマキみやげにも最適ですよ。

スキンケオ
스킨케어
スキンケア

センオル
생얼
すっぴん

コウル
거울
鏡

マスクペク
마스크팩
マスクパック

ペイス ロルロ
페이스 롤리
面 face roller
美顔ローラー

セアンベンドゥ
세안밴드
洗顔 面 band
洗顔バンド

ミベク クリム
미백 크림
美白 面 cream
美白クリーム

コプム
거품
泡

エセンス
에센스
美容液

クルレンジンポム
클렌징폼
洗顔料

スキン
스킨
化粧水

ロション
로션
乳液

ファジャンソム
화장솜
コットン

toner

Lotion

cotton

クルレンジン
클렌징
クレンジング

ピブ　トゥロブル
피부 트러블
スキントラブル

コンソン　ピブ
건성 피부
[漢]乾性 皮膚
乾燥肌

ミンガムソン　ピブ
민감성 피부
[漢]敏感性 皮膚
敏感肌

チソン　ピブ
지성 피부
[漢]脂性 皮膚
オイリー肌

ッカチルカチル
까칠까칠
ザラザラ

コチルゴチル
거칠거칠
かさかさ

ポンドゥルボンドゥル
번들번들
テカテカ

テンテン
탱탱
ぷるぷる

メックンメックン
매끈매끈
すべすべ

パンドゥルバンドゥル
반들반들
つるつる

ッチョンドゥクチョンドゥク
쫀득쫀득
もちもち

チョクチョク
촉촉
しっとり

パンチャクパンチャク
반짝반짝
ピカピカ

ピブ　サンテ
피부 상태
[漢]皮膚状態

ヘンドゥクリム
핸드크림
ハンドクリーム

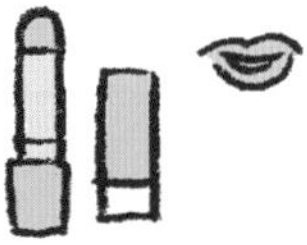

リプクリム
립크림
リップクリーム

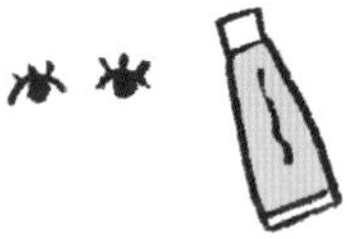

アイクリム
아이크림
アイクリーム

ソンクリム
선크림
[英]sun cream
日焼け止めクリーム

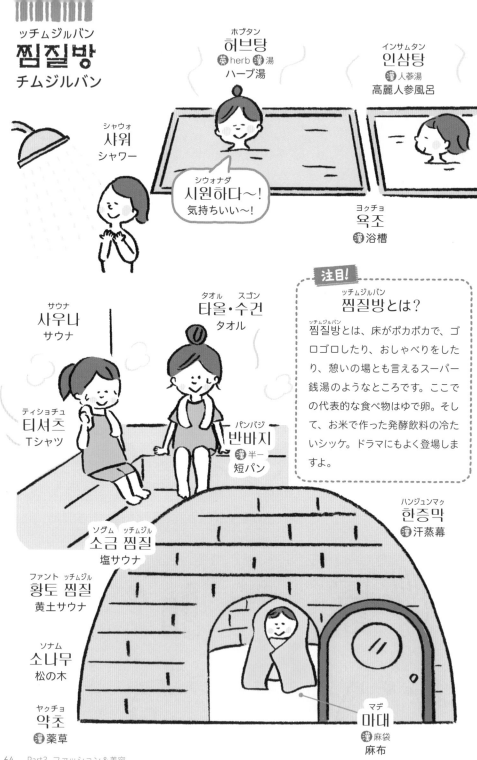

ッチムジルバン
찜질방
チムジルバン

シャウォ
사워
シャワー

ホブタン
허브탕
英herb 漢湯
ハーブ湯

インサムタン
인삼탕
漢人参湯
高麗人参風呂

シウォナダ
시원하다〜！
気持ちいい〜！

ヨクチョ
욕조
漢浴槽

注目!

ッチムジルバン
찜질방とは？

ッチムジルバン
찜질방とは、床がポカポカで、ゴ
ロゴロしたり、おしゃべりをした
り、憩いの場とも言えるスーパー
銭湯のようなところです。ここで
の代表的な食べ物はゆで卵。そし
て、お米で作った発酵飲料の冷た
いシッケ。ドラマにもよく登場しま
すよ。

サウナ
사우나
サウナ

タオル スゴン
타올・수건
タオル

ティショチュ
티셔츠
Tシャツ

パンバジ
반바지
漢半一
短パン

ハンジュンマク
한증막
漢汗蒸幕

ソグム ッチムジル
소금 찜질
塩サウナ

ファント ッチムジル
황토 찜질
黄土サウナ

ソナム
소나무
松の木

ヤクチョ
약초
漢薬草

マデ
마대
漢麻袋
麻布

リルレクス
릴랙스
リラックス

ヨンヤン ポチュン
영양 보충
[漢]栄養 補充
栄養補給

シケ
식혜
シッケ
（冷たい甘酒の一種）

メクパンソク ケラン
맥반석 계란
[漢]麦飯石 鶏卵
ゆで卵
※茶色い焼きゆで卵のこと。通常のゆで卵は삶은（サルムン） 계란（ケラン）。

ヤン モリ
양 머리
ヤンモリ
（タオルで作る羊の頭）

スブン ポチュン
수분 보충
[漢]水分 補充
水分補給

キョンナク マサジ
경락 마사지
経絡マッサージ

ッテミリ
때밀이
アカスリ

オイル マサジ
오일 마사지
オイルマッサージ

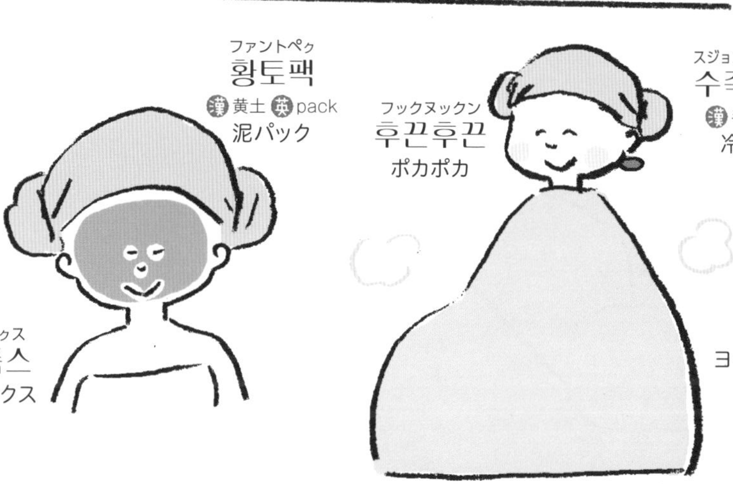

ファントペク
황토팩
[漢]黄土 [英]pack
泥パック

フックヌックン
후끈후끈
ポカポカ

スジョンネンチュン
수족냉증
[漢]手足冷症
冷え性

ッスクチム
쑥찜
ヨモギ蒸し

ティトクス
디톡스
デトックス

ミヨンシル
미용실
美容室

スタイリストゥ
스타일리스트
スタイリスト

オシストントゥ
어시스턴트
アシスタント

ワクス
왁스
ワックス

チミョン
지명
(漢)指名

カウィ
가위
ハサミ

コトゥ
커트
カット

ッサクトゥクサクトゥク
싹둑싹둑
チョキチョキ

ヘオ　　　スプレイ
헤어 스프레이
ヘアスプレー

シャンプ
샴푸
シャンプー

トゥリトゥモントゥ
트리트먼트
トリートメント

スタイルリン
스타일링
スタイリング

ウィイイン
위이잉
ブオー

ッスクスク
쓱쓱
シャカシャカ

トゥライギ
드라이기
(英)dry (漢)機
ドライヤー

セッティン
셋팅
(英)setting
セット

アンモリ
앞머리
前髪

タンバルモリ
단발머리
漢 短髪ー
ボブ

テュインモリ
뒷머리
後ろ髪

ヨムセク
염색
漢 染色
カラー

クレナルッ
구레나룻
もみあげ

センモリ
생머리
漢 生ー
直毛

ストゥレイトゥ
스트레이트
ストレート

コル
컬
カール

パマ
파마
パーマ

コプスルモリ
곱슬머리
天然パーマ／縮れ毛

キン　モリ　ロン
긴 머리·롱
ロング

ミディオム
미디엄
ミディアム

ッチャルブン　モリ　ショトゥ
짧은 머리·쇼트
ショート

イミジ　ピョンシン
이미지 변신
英 image 漢 変身
イメチェン

エステティク
에스테틱
エステ

プハン
부항
(漢)附缸
カッピング

ヤカゲ
약하게
(漢)弱-
弱く

アパヨ
아파요!!
痛いです!!

セゲ
세게
強く

ックウク
꾸욱
ギュー

パル　マサジ
발 마사지
足つぼマッサージ

チアプ
지압
(漢)指圧

ソンヌンソプ ヨンジャン
속눈썹 연장
(漢)- 延長
まつげエクステ

インジョ ソンヌンソプ
인조 속눈썹
(漢)人造 -
つけまつげ

ソンヌンソプ　パマ
속눈썹 파마
まつげパーマ

ファイトゥニン
화이트닝
ホワイトニング

パンシニョク
반신욕
(漢)半身浴

ミジグナン　　ムル
미지근한 물
ぬるま湯

ポスプ　ヒョクァ
보습 효과
(漢)保湿効果

パラン　ヒョクァ
발한 효과
(漢)発汗効果

ソンヒョン　　　　ピブミヨンクァ
성형 & 피부미용과
整形＆美容皮膚科

ッサンコプル
쌍꺼풀
二重まぶた

ポトクス　　チュサ
보톡스 주사
ボトックス注射

チバン　　フビプ
지방 흡입
㊡脂肪 吸入
脂肪吸引

チョム　チェゴ
점 제거
㊡点 除去
ホクロ除去

チョウムパ　　チリョ
초음파 치료
㊡超音波治療

レイジョ　　チリョ
레이저 치료
レーザー治療

リプトゥオプ
리프트업
リフトアップ

プジャギョン
부작용
㊡副作用

注目！

韓国美容事情

二重まぶたのことを쌍꺼풀(ッサンコプル)と言いますが、「目が二重だ」と言うときは쌍꺼풀이 있다(ッサンコプリ イッタ)（直訳：二重まぶたがある）、一重ならば쌍꺼풀이 없다(ッサンコプリ オプタ)（直訳：二重まぶたがない）と表現します。以前は二重であることがいいとされていたこともあるようですが、今では一重まぶたの俳優も増えてきており、クールで素敵！との意見も多くなってきました。最近は、성형(ソンヒョン)（整形。漢字語：成形）や시술(シスル)（施術）を受けていない芸能人などは、자연 미인(チャヨン ミイン)（自然美人）と呼ばれたりします。手術には부작용(プジャギョン)（副作用）がありますので、事前に調査やカウンセリングをしっかりしてから判断しましょう。

ハンバン クルリニク
한방 클리닉
韓方クリニック

ヤクチェ ソラプ
악재 서랍
翻薬材 –
薬棚

ハニャク
한약
翻韓薬
韓方薬

ハニサ
한의사
翻韓医者
韓方医

チョバンジョン
처방전
翻処方箋

ミヨンチム
미용침
翻美容鍼

チョクチン
촉진
翻触診

ムンジンピョ
문진표
翻問診票

メク
맥
翻脈

チョジェ
조제
翻調剤

チョントンチャ
전통차
翻伝統茶

ユジャチャ
유자차
翻柚子茶

モグァチャ
모과차
カリン茶

テチュチャ
대추차
ナツメ茶

センガンチャ
생강차
翻生姜茶

メシルチャ
매실차
翻梅実茶
梅の実茶

オミジャチャ
오미자차
翻五味子茶

注目!

韓方とは？

ハンバン
「韓方」は한방と読み、「漢方
ハンバン
(한방)」と同音異義語です。中
国で発達し、朝鮮半島に伝来
し発展したのが韓方だと言わ
れています。大学には韓医科
も存在し、街中には韓医院や
韓薬の専門市場もあります。
日本よりも東洋医学が身近で、
西洋医学とうまく使い分けて
いるのかもしれませんね。

オッケ　キョルリム
어깨 결림
肩こり

ヨトン
요통
㊥腰痛

マンソン　ピロ
만성 피로
㊥慢性疲労

ヨドゥルム
여드름
ニキビ

ヒョンギチュン
현기증
㊥眩氣症
めまい

ピマン
비만
㊥肥満

トゥトン
두통
㊥頭痛

ピョンビ
변비
㊥便秘

センニ　プルスン
생리 불순
㊥生理不順

ピニョル
빈혈
㊥貧血

シギョク　プジン
식욕 부진
㊥食欲不振

カムギ
감기
㊥感気
風邪

プルミョンチュン
불면증
㊥不眠症

アルレルギ
알레르기
アレルギー

モム
몸
体

モリ
머리
頭

モリカラク
머리카락
髪

トゥン
등
背中

オッケ
어깨
肩

モク
목
首/のど

パル
팔
腕

カスム
가슴
胸

ソン
손
手

ペッコプ
배꼽
へそ

ホリ
허리
腰

ペ
배
おなか

キ
키
身長

エスライン
S라인
くびれ

ホボクチ
허벅지
太もも

タリ
다리
脚

ムルプ
무릎
膝

チョアリ
종아리
ふくらはぎ

パルクムチ
발꿈치
かかと

モンムゲ
몸무게
体重

パル
발
足

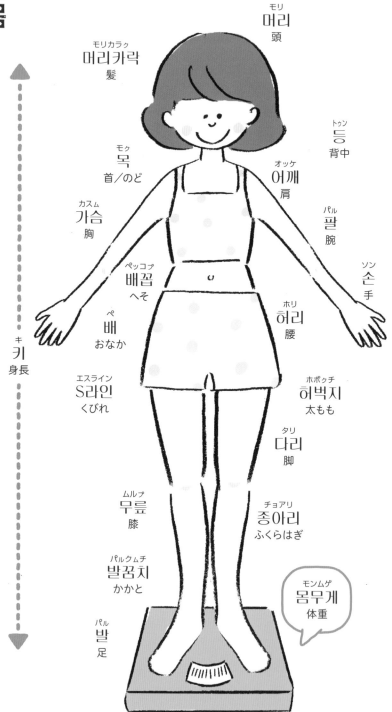

イマ
이마
おでこ

ミガン
미간
㈜眉間

ヌン
눈
目

キュィ
귀
耳

キュィップル
귓불
耳たぶ

ヌンコプル
눈꺼풀
まぶた

ヌンソプ
눈썹
まゆげ

ソンヌンソプ
속눈썹
まつげ

コ
코
鼻

ポル
볼
ほお

イ
이
歯

ヒョ
혀
舌

イプ
입
口

イプスル
입술
くちびる

ッタム
땀
汗

モクソリ
목소리
声

コンムル
콧물
鼻水

コピ
코피
鼻血

つぶやきハングル

インセンテム
인생템

生涯アイテム

인생(人生)を共にしたいくら
い愛すべき템(아이템〈アイ
テム〉の略)のこと。お気に入
りの化粧品を紹介してみよう!

Part4

食べる＆飲む

韓国と言えば、
なんといってもグルメ。
食べたいあの一品が、
韓国語でスラスラっと言えたら
素敵ですね。

ウムシクチョム
음식점
飲食店

カンパン
간판
(漢)看板

レストラン
레스토랑
レストラン

タッカルビ
닭갈비
鶏カルビ

サムゲタン
삼계탕
(漢)参鶏湯
サムゲタン

フェジョンチョバプ
회전초밥
(漢)回転酢ー
回転寿司

ペゴパ
배고파!
おなかへった！

イルシク
일식
(漢)日食
日本料理

チュンシク
중식
(漢)中食
中華料理

ッコルルク
꼬르륵
ぐるる

GUIDE

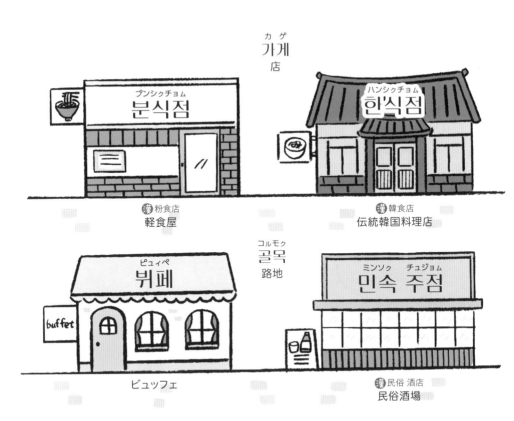

カゲ
가게
店

プンシクチョム
분식점

ハンシクチョム
한식점

(漢)粉食店
軽食屋

(漢)韓食店
伝統韓国料理店

ピュィペ
뷔페

コルモク
골목
路地

ミンソク　チュジョム
민속 주점

ビュッフェ

(漢)民俗 酒店
民俗酒場

ペストゥプドゥ
패스트푸드

buffet

open

ファストフード

サムギョプサル
삼겹살

サムギョプサル

注目!

プンシクチョム
분식점とは？

プンシクチョム
분식점 (粉食店) とは、김밥 (のり
キンパプ
巻き)、국수 (麺類) や라면 (ラーメ
ククス　　　　　　　　ラミョン
ン)、김치찌개 (キムチチゲ) といっ
キムチッチゲ
た軽食を提供する食堂のことです。
注文はオーダーシートに丸印をつ
ける方式で、おひとり様でも大丈
夫です。宿泊先で食べたいな、と
いうときはテイクアウトを意味する
포장 (包装) という単語を使って、
ポジャン
포장해 주세요 (テイクアウトにし
ポジャンヘ　ジュセヨ
てください) と言えばOK！

ヤンニョムガルビ
앙념갈비
味付きカルビ

センガルビ
생갈비
生カルビ

ソブルゴギ
소불고기
牛プルコギ

トェジガルビ
돼지갈비
豚肉カルビ

トェジ サムギョプサル
돼지 삼겹살
豚バラ肉

トェジ プルゴギ
돼지 불고기
豚肉プルコギ

コプチャングイ
곱창구이
ホルモン焼き

ポッサム
보쌈
ポッサム（ゆで豚スライス）

チョクパル
족발
豚足

ネンミョン
냉면
（漢）冷麺

ピビンパプ
비빔밥
ビビンバ

ヨギョ
여기요!
すみません！

トルソッピビンパプ
돌솥비빔밥
石焼ビビンバ

プデッチゲ
부대찌개とは？

찌개と言うと、通常、뚝배기（黒い陶器製の器）や1人用の器に入って提供され
プデッチゲ　　　　　　　　　　　　スペム　　　　　　　ラミョン　サリ
ますが、부대찌개（部隊チゲ）は스팸（スパム）、라면 사리（ラーメンの麺）、떡
　　　　　　　　　　　　　　　　　　　　　　　　　　　　　　　　　　　　ットク
（餅）などを辛いスープでグツグツ煮ながらみんなで食べる鍋料理です。

キムチチゲ
김치찌개
キムチチゲ

トェンジャンチゲ
된장찌개
みそチゲ

スンドゥブッチゲ
순두부찌개
澤 ―豆腐―
スンドゥブチゲ

ヘムルタン
해물탕
澤 海物湯
海鮮鍋

カムジャタン
감자탕
カムジャタン

タカンマリ
닭한마리
タッカンマリ
（鶏の水炊き）

タクポックムタン　　　タクトリタン
닭볶음탕・닭도리탕
タットリタン（鶏肉ピリ辛煮込み）

チャプチェ
잡채
澤 雑菜
チャプチェ
（春雨の甘辛炒め）

プデッチゲ
부대찌개
澤 部隊―
プデチゲ

ヘムルジョン
해물전
澤 海物煎
海鮮チヂミ

ピンデットク　ノクトゥジョン
빈대떡・녹두전
澤 緑豆煎
ピンデトク
（緑豆粉のチヂミ）

ケランチム
계란찜
澤 鶏卵―
ケランチム（蒸し卵）

ムォ　　トゥリルカヨ
뭐 드릴까요?
ご注文は？

コギッチプ
고깃집
焼肉屋

マシッタ
맛있다!
おいしい!

ニャムニャム
남냠
もぐもぐ

パンチャン
반찬
おかず

キムチ
김치
キムチ

スップル
숯불
炭火

ナムル
나물
ナムル

オイギムチ
오이김치
きゅうりのキムチ

チャン
잔
グラス

プルパン
불판
網

ツカクトゥギ
깍두기
カクテギ
（大根のキムチ）

ムルギムチ
물김치
水キムチ

チョッカラク
젓가락
箸

スッカラク
순가락
スプーン

ト　ジュセヨ
더 주세요.
おかわりください。

コチュジャン
고추장
🌶一醤
唐辛子みそ

トェンジャン
된장
🌶一醤
みそ

ッサムジャン
쌈장
🌶一醤
サムジャン

キルムジャン
기름장
🌶一醤
塩入り油

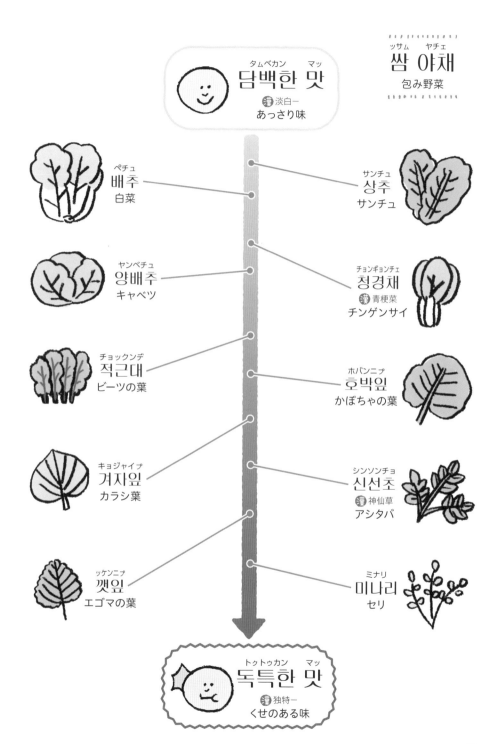

담백한 맛
タムベカン マッ
（漢）淡白ー
あっさり味

배추
ペチュ
白菜

상추
サンチュ
サンチュ

양배추
ヤンベチュ
キャベツ

청경채
チョンギョンチェ
（漢）青梗菜
チンゲンサイ

적근대
チョックンデ
ビーツの葉

호박잎
ホバンニプ
かぼちゃの葉

겨자잎
キョジャイプ
カラシ葉

신선초
シンソンチョ
（漢）神仙草
アシタバ

깻잎
ッケンニプ
エゴマの葉

미나리
ミナリ
セリ

독특한 맛
トクトゥカン マッ
（漢）独特ー
くせのある味

고기 종류
コギ　チョンニュ

肉の種類

소고기
ソゴギ
牛肉

돼지고기
トェジゴギ
豚肉

닭고기
タッコギ
鶏肉

목심　モクシム　肩ロース

등심　トゥンシム　背ロース

안심　アンシム　ヒレ肉

우둔살　ウドゥンサル　もも肉

꼬리　ッコリ　テール

우설　ウソル　㊟牛舌　牛タン

양지　ヤンジ　肩肉

안창살　アンチャンサル　ハラミ

갈비　カルビ　バラ肉

사태　サテ　すね肉

곱창　コプチャン　ホルモン

염통　ヨムトン　ハツ　（心臓）

대창　テチャン　㊟大腸　シマチョウ

허파　ホパ　肺

양　ヤン　ミノ　（第1胃袋）

처녑　チョニョプ　センマイ　（第3胃袋）

막창　マクチャン　ギアラ　（第4胃袋）

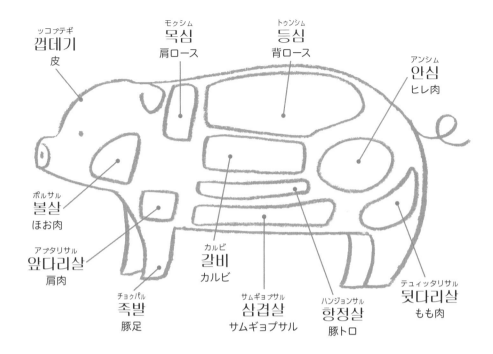

ッコプテギ
껍데기
皮

モクシム
목심
肩ロース

トゥンシム
등심
背ロース

アンシム
안심
ヒレ肉

ポルサル
볼살
ほお肉

アプタリサル
앞다리살
肩肉

カルビ
갈비
カルビ

チョクパル
족발
豚足

サムギョプサル
삼겹살
サムギョプサル

ハンジョンサル
항정살
豚トロ

テュィッタリサル
뒷다리살
もも肉

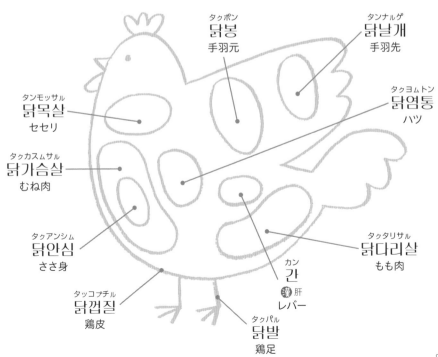

タクポン
닭봉
手羽元

タンナルゲ
닭날개
手羽先

タンモッサル
닭목살
セセリ

タクヨムトン
닭염통
ハツ

タクカスムサル
닭가슴살
むね肉

タクアンシム
닭안심
ささ身

タクタリサル
닭다리살
もも肉

タッコプチル
닭껍질
鶏皮

カン
간
漢 肝
レバー

タクパル
닭발
鶏足

クㇰ
국
スープ

ットゥゴウォ
뜨거워!
あつい！

ヘジャンクㇰ
해장국
[漢]解酲ー
ヘジャンクク
（酔い覚ましスープ）

コㇺタン
곰탕
コムタン
（牛肉の煮込みスープ）

ソルロンタン
설렁탕
ソルロンタン
（牛肉の白濁スープ）

トガニタン
도가니탕
トガニタン
（牛の膝軟骨スープ）

ミヨックㇰ
미역국
わかめスープ

メウンタン
매운탕
魚の辛いスープ

マンドゥックㇰ
만둣국
餃子のスープ

プゴックㇰ
북엇국
[漢]北魚ー
干しダラのスープ

コンナムㇽクㇰ
콩나물국
豆もやしスープ

ユッケジャン
육개장
ユッケジャン（牛肉と野菜の辛いスープ）

カルビタン
갈비탕
カルビスープ

チュオタン
추어탕
[漢]鰍魚湯
どじょう汁

[注目!]

お粥を食べてみよう

体調を崩した人には、疲労回復に効くと言われる전복죽（チョンボクチュク）（アワビ粥）！韓国ドラマでも調理シーンがよく出てきます。お粥用魔法瓶も定番アイテムです。

チョンボクチュク
전복죽
[漢] 全鰒粥
アワビ粥

フギムジャジュク
흑임자죽
黒ごま粥

チャッチュク
잣죽
松の実粥

ノクトゥジュク
녹두죽
[漢] 緑豆粥

ヘムルジュク
해물죽
[漢] 海物粥
海鮮粥

パジラクチュク
바지락죽
あさり粥

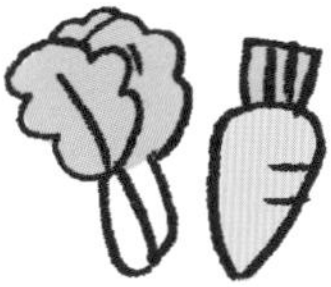
ヤチェジュク
야채죽
[漢] 野菜粥

ソゴギ
소고기
ポソッチュク
버섯죽
牛肉きのこ粥

セウジュク
새우죽
エビ粥

ヒンジュク
흰죽
白粥

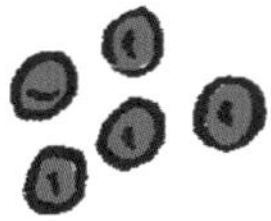
パッチュク
팥죽
小豆粥

ホバクチュク
호박죽
かぼちゃ粥

タルコメ
달콤해!
甘い！

※小豆粥、かぼちゃ粥は砂糖を入れずに作ることもあります。

フェッチプ
횟집
刺身食堂

잘 먹겠습니다.
チャル モッケッスムニダ
いただきます。

チェチョル
제철
旬

	トミ 도미 タイ

 ウロク
우럭
クロソイ

センソングイ
생선구이
㉮生鮮－
焼き魚

 クァンオ
광어
㉮廣魚
ヒラメ

モドゥム
모둠 ※모듬とも。
モドゥム
盛り合わせ

 チョノ
전어
㉮錢魚
コノシロ

チョゴチュジャン
초고추장
酢コチュジャン

フェ
회
㉮膾
刺身

 ノンオ
농어
スズキ

 スンオ
숭어
ボラ

 モンゲ
멍게
ホヤ

センソンジョリム
생선조림
煮魚

チャヨンサン
자연산
㉮自然産
天然

ヤンシク
양식
㉮養殖

 ヘサム
해삼
㉮海参
ナマコ

 ナクチ
낙지
テナガダコ

注目!

韓国風の刺身の食べ方とは？

日本で刺身と言えば、しょうゆにワサビが定番ですが、韓国での主流は、초고추장という食酢（食酢）と고추장（コチョゴチュジャン シクチョ コチュジャンチュジャン）を混ぜたソースです。辛くて酸っぱい刺身は新世界！かもしれませんね。さらに와사비（ワサビ）を入れてワサビ食べることもありますよ。

 ナクチ
낙지
テナガダコ

 オジンオ
오징어
イカ

ハンジョンシク
한정식
韓定食

キム
Ⓐ김
のり

シグムチナムル
Ⓑ시금치나물
ほうれん草のナムル

ミョルチボックム
Ⓒ멸치볶음
小魚炒め

ケランマリ
Ⓓ계란말이
(漢)鶏卵一
卵焼き

マヌルジャンアッチ
Ⓔ마늘장아찌
にんにくのしょうゆ漬け

プチムゲ チョン
Ⓕ부침개・전
(漢)煎
チヂミ

カムジャジョリム
Ⓖ감자조림
じゃがいも煮付け

コンナムル
Ⓗ콩나물
豆もやしのナムル

センソングイ
Ⓘ생선구이
焼き魚

キムチ
Ⓙ김치
キムチ

パプ
Ⓚ밥
ごはん

トェンジャンチゲ
Ⓛ된장찌개
みそチゲ

ッケンニプチャンアッチ
Ⓜ깻잎장아찌
エゴマの葉のしょうゆ漬け

注目！

サンタリ
상다리（お膳の足）が
折れるほど

韓国では、たくさんの반찬（おかず）が並ぶことをこのように表現します。韓定食はまさにその言葉にピッタリ！大きなテーブルの面が見えなくらいのおかずで埋め尽くされます。밑반찬（小皿のおかず）の무한 리필（直訳：無限 refill。お代わり自由）が可能なお店もありますよ。

ペブルダ
배부르다.
おなかいっぱい。

ポジャンマチャ
포장마차
テント屋台

トゥブギムチ
두부김치
豆腐−
豆腐キムチ

トェジッコプテギ
돼지껍데기
豚の皮

コルベンイムチム
골뱅이무침
巻貝の和え物

ナクチポックム
낙지볶음
テナガダコの辛炒め

タクパル
닭발
鶏足

タクオドルピョ
닭오돌뼈
鶏の軟骨

キム
김
湯気

ウドン
우동
うどん

注目!

マッチプ
맛집とは？

맛は「味」、집は「お店」で、おいしいお店のことを言います。SNSなどで「#地域名」（例えば#명동）に「맛집」をつけて検索すると、その地域のおいしいお店情報がヒットしますよ。

ティジョトゥ
디저트
デザート

ツクル
꿀
はちみつ

ポト
버터
バター

ナイプ
나이프
ナイフ

ツパルテ
빨대
ストロー

アイスクリム
아이스크림
アイスクリーム

ウェハス
웨하스
ウエハース

ポンボン
봉봉
ボンボン

ポク
포크
フォーク

チョプシ
접시
皿

ペンケイク
팬케이크
パンケーキ

センクリム
생크림
漢生 英cream
生クリーム

cafe

スムディ
스무디
スムージー

タンゴ　チョアヘヨ
단거 좋아해요!
甘い物、好きです!

トノット　ノム　チョア
도넛도 너무 좋아!
ドーナツも大好き!

注目!

韓国デザート事情

最近は、日本で修行したパティシエが韓国に戻ってお店をオープンしたり、日本の有名店が韓国に出店することも多くなってきました。アレンジの違いを楽しんでみるのもいいですね!

ケイク
케이크
ケーキ

モピン
머핀
マフィン

ロルケイク
롤케이크
ロールケーキ

センクリムケイク
생크림케이크
生クリームケーキ

タルトゥ
타르트
タルト

シュクリム
슈크림
シュークリーム

チジュケイク
치즈케이크
チーズケーキ

ティラミス
티라미수
ティラミス

パイ
파이
パイ

プディン
푸딩
プリン

マカロン
마카롱
マカロン

パウンドゥケイク
파운드케이크
パウンドケーキ

ミルポェユ
밀푀유
ミルフィーユ

チョコルリッケイク
초콜릿케이크
チョコレートケーキ

チェルリ
젤리
ゼリー

ホル ケイク
홀 케이크
ホールケーキ

チョガク ケイク
조각 케이크
カットケーキ

クァジャ
과자
お菓子

ソムサタン
솜사탕
わたあめ

ムンシルムンシル
뭉실뭉실
ふわふわ

ックンジョックンジョク
끈적끈적
ベタベタ

サタン
사탕
沙糖
キャンディ

マクテサタン
막대사탕
棒つきキャンディ

チョコパイ
초코파이
チョコパイ

Choco Pie

ヌルンジ　サタン
누룽지 사탕
おこげ飴

ッコム
껌
ガム

カムジャチプ
감자칩
ポテトチップス

ビスキッ
비스킷
ビスケット

クキ
쿠키
クッキー

CHIPS
100%

cookie

biscuit

GUMMY

チェルリ
젤리
グミ

<ruby>전통<rt>チョントン</rt></ruby> <ruby>과자<rt>クァジャ</rt></ruby> <ruby>(한과)<rt>ハングァ</rt></ruby>

伝統菓子 (韓菓)

※日本の餅は主にもち米で作られますが、韓国ではうるち米が多く使われます。そのため、粘りやのびが少なく、鍋料理の具にしても煮くずれしません。

약식
ヤクシク
薬 薬食

※蒸したもち米に、焼き栗、ナツメ、ごま油、松の実、シナモンなどを混ぜてさらに蒸し上げた甘いおこわ。

송편
ソンピョン
松 松ー
ソンピョン (松餅)

※うるち米粉で作った生地にごまや小豆などの餡を包み、松の葉を敷いて蒸した半月型の小さな餅。

약과
ヤックァ
薬 薬菓

※小麦粉の生地を油で揚げ、シナモンやはちみつなどを塗ったお菓子。

유과
ユグァ
漢 油菓

※もち米の生地を蒸して揚げてから、ごまなどをまぶしたお菓子。祭祀の膳や贈り物に使われる。

강정
カンジョン
韓国風おこし

※炒った黒ごま、エゴマ、大豆、松の実などを水飴に入れ、押し固めたもの。

정과
チョングァ
漢 正菓

※果物などをはちみつや砂糖水で煮つめたお菓子。

시루떡
シルットク
小豆の蒸し餅

※小豆などをのせて重ねて蒸したうるち米粉の餅。

다식
タシク
漢 茶食

※片栗粉やきなこなどの粉にはちみつを混ぜて練り、型で抜いたらくがんのようなお菓子。

무지개떡
ムジゲットク
虹餅

※うるち米粉に砂糖、水、塩を加えて蒸して作る蒸しパン。華やかな見た目からお祝い事でよく作られる。

호떡
ホットク
ホットク

※小麦粉やもち米の生地に、黒砂糖やシナモンなどの餡を包み、油で揚げるように焼いたホットケーキのようなお菓子。

ッポンニプチャ
뽕잎차
桑の葉茶

タグァ
다과
📖茶菓

スジョングァ
수정과
📖水正果(シナモンと生姜の甘い飲み物)

ユルムチャ
율무차
はと麦茶

インサムチャ
인삼차
📖人蔘茶
高麗人参茶

ケピチャ
계피차
📖桂皮茶
シナモン茶

ノクチャ
녹차
📖緑茶

ククァチャ
국화차
📖菊花茶

チクチャ
칡차
くずの葉茶

ッサンファチャ
쌍화차
📖双和茶
サンファ茶

チャプサルトゥ
찹쌀떡
チャプサルトゥ
※大福餅。

インジョルミ
인절미
インジョルミ
※きなこ餅。

チョラン
조란
📖棗卵
チョラン
※蒸したナツメの実をつぶしてはちみつを練り混ぜたお菓子。

ユルラン
율란
📖栗卵
ユルラン
※蒸した栗の実をつぶしてはちみつを練り混ぜたお菓子。

ホドゥグァジャ
호두과자
くるみまんじゅう
※カステラ生地の中にあんことくるみが入ったお菓子。

チュク
죽
📖粥

カペ
카페
カフェ

ラテアトゥ
라테아트
ラテアート

モグコㇷ
머그컵
マグカップ

コピ 커피 コーヒー	ホンチャ 홍차 [漢]紅茶
カペラテ 카페라테 カフェラテ	カプチノ 카푸치노 カプチーノ
ホブティ 허브티 ハーブティー	ミルクティ 밀크티 ミルクティー
アメリカノ 아메리카노 アメリカーノ	ハッチョコ 핫초코 ホットチョコ（ココア）

トㇰソ
독서
[漢]読書

ヤㇰソㇰ
약속
[漢]約束

スㇰチェ
숙제
[漢]宿題

フェイ
회의
[漢]会議

イル
일
仕事

コンブ
공부
[漢]工夫
勉強

注目!

プラスチックカップ使用禁止

韓国のカフェでは、現在、店内でのプラスチック製の일회용（イロェヨン）（使い捨て。漢字語：一回用）の컵（コㇷ）（カップ）を廃止、머그컵（モグコㇷ）（マグカップ）で提供することになっています。そのためか、大手カフェチェーン店では、豊富なデザインのオリジナルタンブラーやマグカップを取り揃えていることも。環境保護も兼ねて、お気に入りのグッズを探してみてはいかがでしょうか？

남자 친구 = 남친
ナムジャ チング ナムチン
彼氏

여자 친구 = 여친
ヨジャ チング ヨチン
彼女

애인
エイン
選 愛人
恋人

여자 사람 친구 = 어사친
ヨジャ サラム チング ヨサチン
女友達

남자 사람 친구
ナムジャ サラム チング
= 남사친
ナムサチン
男友達

데이트
テイトゥ
デート

수플레 팬케이크
スプルレ ペンケイク
スフレパンケーキ

유리컵
ユリコプ
グラス

티포트
ティポトゥ
ティーポット

테이블
テイブル
テーブル

의자
ウイジャ
選 椅子

주스
チュス
ジュース

사이다
サイダ
サイダー

콜라
コルラ
コーラ

97

スル
술
お酒

コンベ
건배!
[漢]乾杯
かんぱい!

メㇰチュチャン
맥주잔
[漢]麦酒盞
ビアグラス

ピョンメㇰチュ
병맥주
[漢]瓶麦酒
瓶ビール

センメㇰチュ
생맥주
[漢]生麦酒
生ビール

マッコルリ
막걸리
マッコリ

トンドンジュ
동동주
ドンドン酒
(米入り濁り酒)

ソジュ
소주
[漢]焼酎

サケ
사케
日本酒

メシルチュ
매실주
[漢]梅実酒
梅酒

ウィスキ
위스키
ウィスキー

シャンペイン
샴페인
シャンパン

カㇰテイル
칵테일
カクテル

ペㇰセジュ
백세주
[漢]百歳酒

ファイトゥワイン
화이트와인
白ワイン

レドゥワイン
레드와인
赤ワイン

ソメㇰ
소맥
ソメク(焼酎のビール割)

つぶやきハングル

ホンバプ
혼밥

ひとりごはん

혼자（ひとり）で밥（ごはん）を食べること。最近、おひとりさま歓迎！ のお店も増えてきました。술（お酒）なら、혼술（ひとり酒）です。

旅

異国を旅するのは、
語学の達人への近道です。
旅先で、見知らぬ街のどこかで、
1つでも知っている言葉があれば、
それはお守りになりますよ。

ハングゥ
한국
韓国

ナラ
나라
国

テハンミングゥ
대한민국
漢大韓民国

ハングゥ
한국
漢韓国

イルボン
일본
漢日本

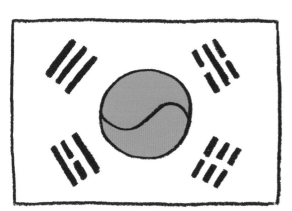

クッキ
국기
漢国旗

クッカ
국가
漢国歌

ミョンジョク
면적
漢面積

ヤク シンマンピョンバンキルロミト
약 10만 km²
漢約 十万平方 英kilometer
約10万㎢

イング
인구
漢人口

ヤク オチョンベクチルシッパルマン ミョン
약 5178만 명
漢約 五千百七十八万 名
約5178万人

スド
수도
漢首都

ソウル
서울
ソウル

ククァ
국화
漢国花

ムグンファ
무궁화
漢無窮花
ムクゲ

注目!

韓国の国旗

韓国の国旗は太극기（太極
旗）と呼ばれています。中
心にある赤と青の円は、陰
と陽の調和を意味し、周囲
の4つは左上から時計回り
に「空」、「月と水」、「地」、
「太陽と火」を意味してい
ます。1948年から大韓民
国の国旗として使用されて
います。

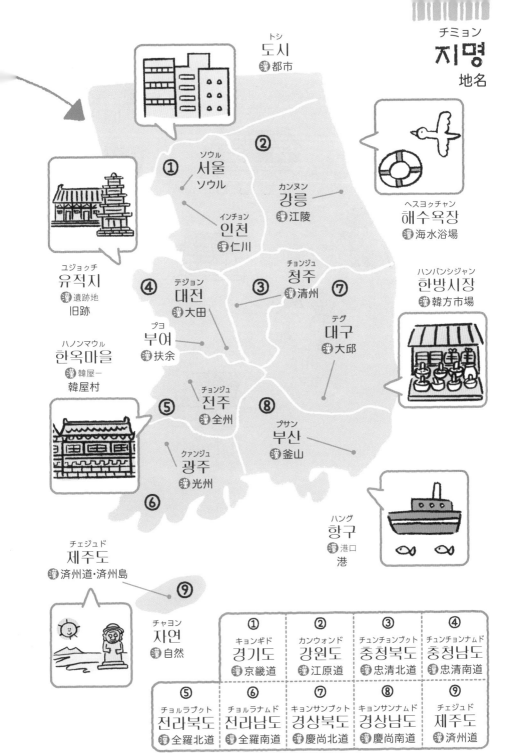

チミョン
지명
地名

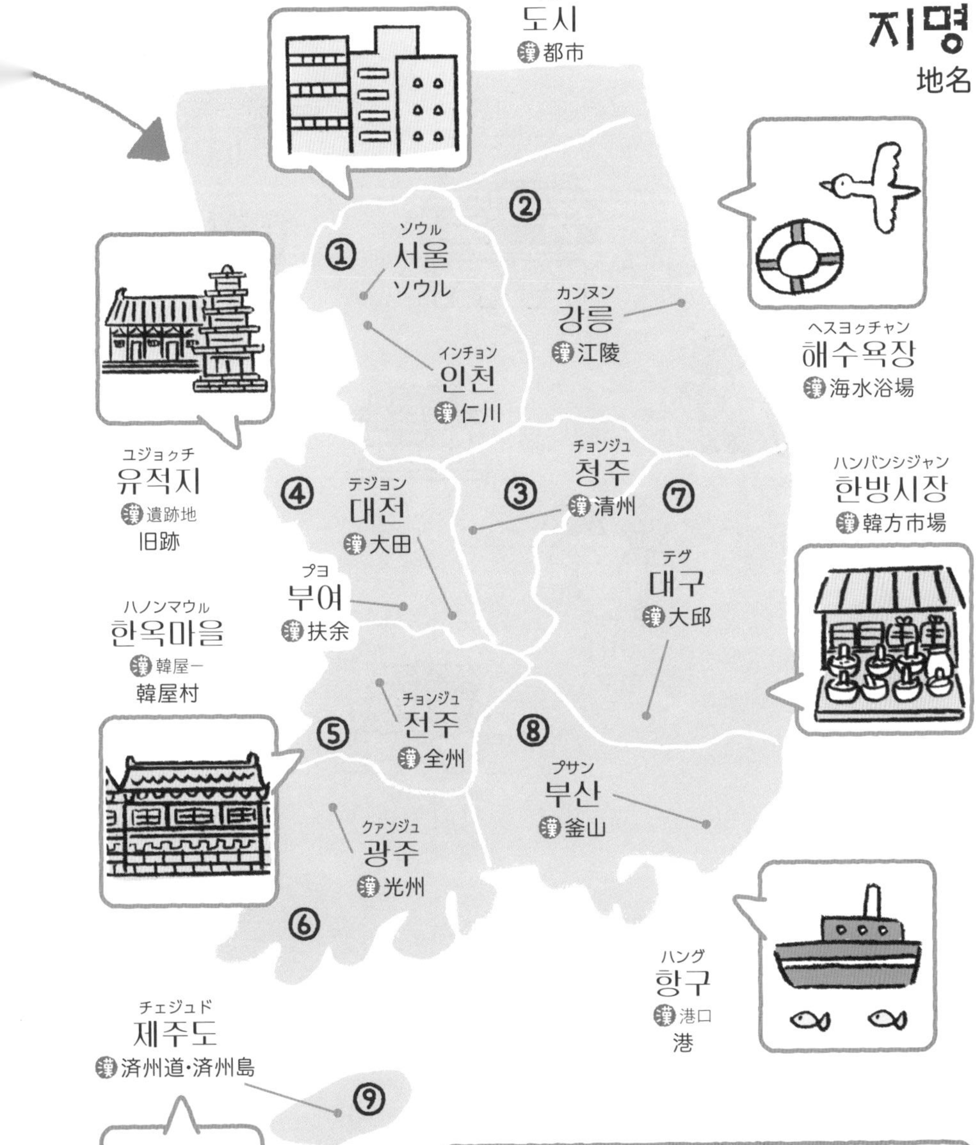

トシ
도시
[漢]都市
①
ソウル
서울
ソウル
②
カンヌン
강릉
[漢]江陵
インチョン
인천
[漢]仁川
ヘスヨㇰチャン
해수욕장
[漢]海水浴場
ユジョㇰチ
유적지
[漢]遺跡地
旧跡
④
テジョン
대전
[漢]大田
③
チョンジュ
청주
[漢]清州
⑦
ハンバンシジャン
한방시장
[漢]韓方市場
プヨ
부여
[漢]扶余
テグ
대구
[漢]大邱
ハノンマウル
한옥마을
[漢]韓屋ー
韓屋村
⑤
チョンジュ
전주
[漢]全州
⑧
プサン
부산
[漢]釜山
クァンジュ
광주
[漢]光州
⑥
ハング
항구
[漢]港口
港
チェジュド
제주도
[漢]済州道・済州島
⑨

チャヨン
자연
[漢]自然

①	②	③	④
キョンギド 경기도 [漢]京畿道	カンウォンド 강원도 [漢]江原道	チュンチョンブㇰト 충청북도 [漢]忠清北道	チュンチョンナㇺド 충청남도 [漢]忠清南道

⑤	⑥	⑦	⑧	⑨
チョルラブㇰト 전라북도 [漢]全羅北道	チョルラナㇺド 전라남도 [漢]全羅南道	キョンサンブㇰト 경상북도 [漢]慶尚北道	キョンサンナㇺド 경상남도 [漢]慶尚南道	チェジュド 제주도 [漢]済州道

서울 관광지
ソウル　クァングァンジ

ソウルの観光地

プクチョンハノンマウル
북촌한옥마을
(漢)北村韓屋－
北村韓屋村

キョンボックン
경복궁
(漢)景福宮

インサドン
인사동
(漢)仁寺洞

シンチョン
신촌
(漢)新村

トクスグン
덕수궁
(漢)徳寿宮

ホンデ
홍대
(漢)弘大

イデ
이대
(漢)梨大

ミョンドン
명동
(漢)明洞

ナムデムン
남대문
(漢)南大門

ナムサンゴンウォン
남산공원
(漢)南山公園

ククェ　イサダン
국회 의사당
(漢)国会議事堂

ハンガン
한강
(漢)漢江

ケイビエス
KBS
KBS

エンソウルタウォ
N서울타워
Nソウルタワー

チャンドックン
창덕궁
[漢]昌徳宮
チャンギョングン
창경궁
[漢]昌慶宮
テハンノ
대학로
[漢]大学路
MAP
チド
지도
[漢]地図
チョンミョ
종묘
[漢]宗廟
トンデムン
동대문
[漢]東大門
チョンゲチョン
청계천
[漢]清渓川
ナムサンコルハノンマウル
남산골한옥마을
[漢]南山ー韓屋ー
南山コル韓屋村
ソンスドン
성수동
[漢]聖水洞
カロスキル
가로수길
[漢]街路樹ー
カロス通り
アァクジョン
압구정
[漢]狎鴎亭
ロッテウォルドゥ
롯데월드
ロッテワールド
CAFE
カンナム
강남
[漢]江南

コンハン
공항
空港

クッチェソン
국제선
🌏 国際線

クンネソン
국내선
🌏 国内線

イリュク
이륙
🌏 離陸

ピヘンギ
비행기
🌏 飛行機

チャンニュク
착륙
🌏 着陸

ペウン
배웅
見送り

DUTY FREE

COSME　FOOD　DRINK

チュルバル
출발
🌏 出発

チュルバル　シガン
출발 시간
🌏 出発時間

タプスンクォン
탑승권
🌏 搭乗券

ヨクォン
여권
🌏 旅券
パスポート

ミョンセジョム
면세점
🌏 免税店

スンムウォン
승무원
🌏 乗務員
キャビンアテンダント

ケリオ
캐리어
🔠 carrier
スーツケース

チュルグク　シムサ
출국 심사
韓 出国審査

イプクク　シムサ
입국 심사
韓 入国審査

セグァン
세관
韓 税関

スハムル
수하물
韓 手荷物

コムサ
검사
韓 検査

スハムル　　チャンヌン　ゴッ
수하물 찾는 곳
手荷物受取所

コンハン　　　リムジンボス
공항 리무진버스
空港リムジンバス

ファンジョンソ
환전소
韓 換銭所
両替所

プンシルムル　ポグァンソ
분실물 보관소
韓 紛失物 保管所
遺失物取扱所

マジュン
마중
出迎え

トチャク
도착
韓 到着

107

ピヘンギ
비행기
飛行機

ソンバン
선반
荷物棚

スハムル
수하물
[漢]手荷物

ヘドゥポン
헤드폰
ヘッドホン

キネ
기내
[漢]機内

チャンカ ッチョク
창가 쪽
窓側

ウムニョ
음료
[漢]飲料
飲み物

スネク
스낵
スナック

トゥンバジ
등받이
背もたれ

タムニョ
담요
ブランケット

トンノ ッチョク
통로 쪽
[漢]通路 ―
通路側

サンソマスク
산소마스크
[漢]酸素 [英]mask
酸素マスク

イプクッ カドゥ
입국 카드
[漢]入国 [英]card
入国カード

ミョンセプム パンメ
면세품 판매
[漢]免税品販売

ナンギリュ
난기류
[漢]乱気流

ピサング
비상구
[漢]非常口

セグァン シンゴソ
세관 신고서
[漢]税関 申告書
税関申請書

キネ パンソン
기내 방송
[漢]機内 放送
機内アナウンス

ピヘンギ モドゥ
비행기 모드
[漢]飛行機 [英]mode
機内モード

ポス
버스
バス

シネボス
시내버스
漢市内 英bus
市内バス

クァンヨク　ポス
광역 버스
漢広域 英bus
レッドバス

カンソン　ポス
간선 버스
漢幹線 英bus
ブルーバス

チソン　ポス
지선 버스
漢支線 英bus
グリーンバス

スヌァン　ポス
순환 버스
漢循環 英bus
イエローバス

シティトゥオ　ポス
시티투어 버스
シティーツアーバス

注目！

交通カード
公共交通利用時、現金よりも割引がある T-money などの교통카드 キョトンカドゥ
（交通カード）はマストアイテム！ 購入＆チャージは、駅またはコンビニで。チャージは충전（漢字語：充填）と言います。 チュンジョン

ソンジャビ
손잡이
つり革

ヨグム
요금
漢料金
運賃

モクチョクチ
목적지
漢目的地
行き先

チョンニュジャン
정류장
漢停留場
バス停

チャムカンマンニョ
잠깐만요!
待ってください!

キョトンカドゥ
교통카드
漢交通 英card
交通カード

경복궁역

タヨ
타요!
乗ります!

スンゲク
승객
漢乗客

チャ
차
車

トロ
도로
漢 道路

オプンカ
오픈카
オープンカー

トゥロク
트럭
トラック

ウェゴン
왜건
ワゴン車

トムプトゥロク
덤프트럭
ダンプカー

オリニ　カシトゥ
어린이 카시트
チャイルドシート

ペンミロ
백미러
バックミラー

トゥライブ
드라이브
ドライブ

タイオ
타이어
タイヤ

テュイッチョアソク
뒷좌석
漢 一座席
後部座席

アンジョンベルトゥ
안전벨트
漢 安全 英 belt
シートベルト

チョスソク
조수석
漢 助手席

ヘンドゥル
핸들
ハンドル

ウンジョンソク
운전석
漢 運転席

ライトゥ
라이트
ライト

ポノパン
번호판
漢 番号板
ナンバープレート

テクシ
택시
タクシー

イルバン テクシ
일반 택시
[漢]一般 [英]taxi
一般タクシー

モボム テクシ
모범 택시
[漢]模範 [英]taxi
模範タクシー

テヒョン テクシ
대형 택시
[漢]大型 [英]taxi
大型タクシー

ヨグム
요금
[漢]料金

キボンニョグム
기본요금
[漢]基本料金
初乗り運賃

タンゴリ
단거리
[漢]短距離

ハルチュン ヨグム
할증 요금
[漢]割増料金

TAXI

ピン チャ
빈 차
空車

スドン
수동
[漢]手動

テクシ タヌン ゴッ
택시 타는 곳
タクシー乗り場

チルムキル
지름길
近道

プンシルムル
분실물
[漢]紛失物
忘れ物

スンチャ コブ
승차 거부
[漢]乗車拒否

ッカジ プタカムニダ
COEX까지 부탁합니다.
コエックスまでお願いします。

ミト
미터
メーター

card
card

シニョン カドゥ
신용 카드
[漢]信用 [英]card
クレジットカード

注目!

タクシーの乗り方

空車の場合、赤いランプで「빈 차（ピン チャ）」と表示されているので、手を挙げて止めましょう。行き先を書いたものを渡せば間違いなく伝わります。支払いにはクレジットカードや交通カードも使用できます。日本と異なり、ドアが手動なので、自分で開けて、降りたらきちんと閉めましょう。基本料金が高いですが、より安心の模範タクシーは、車体の上に「모범（モボム）」と書かれた黄色い表示がついています。

ヨンスジュン
영수증
[漢]領収証
レシート

100
50
10

コスルムトン
거스름돈
おつり

パンヒャン ウィチ
방향&위치
方向&位置

プクチョク
북쪽
漢北一
北

ソッチョク
서쪽
漢西一
西

トンチョク
동쪽
漢東一
東

ナムチョク
남쪽
漢南一
南

ウィ
위
上

ミッ　アレ
밑・아래
下

ヨギ
여기
ここ

コギ
거기
そこ

チョギ
저기
あそこ

ヨプ
옆
横/となり

アプテュイ
앞뒤
前後

アプ
앞
前

カウンデ
가운데
真ん中

テュイ
뒤
後ろ

チクチン
직진
漢直進

コッチャン　ッチュク
곧장・쭉
まっすぐ

テガクソン
대각선
漢対角線
ななめ

ウェンチョク
왼쪽
左

オルンチョク
오른쪽
右

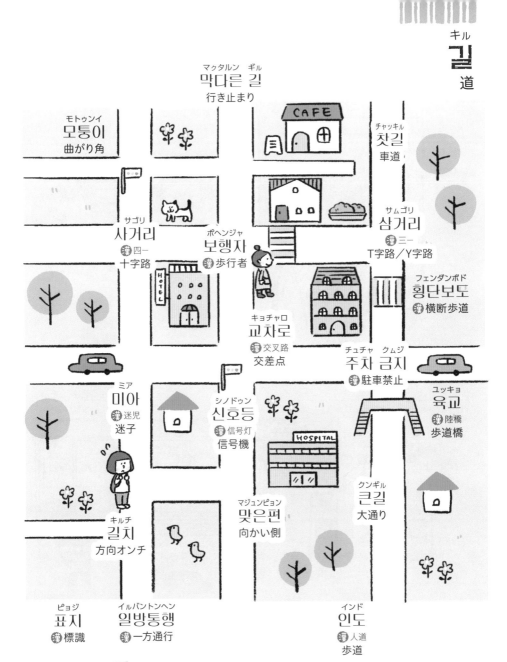

マクタルン　ギル
막다른 길
行き止まり

モトゥンイ
모퉁이
曲がり角

CAFE

チャッキル
찻길
車道

サゴリ
사거리
⍽四-
十字路

ポヘンジャ
보행자
⍽歩行者

サムゴリ
삼거리
⍽三-
T字路／Y字路

フェンダンボド
횡단보도
⍽横断歩道

キョチャロ
교차로
⍽交叉路
交差点

チュチャ　クムジ
주차 금지
⍽駐車禁止

ミア
미아
⍽迷児
迷子

シノドゥン
신호등
⍽信号灯
信号機

ユッキョ
육교
⍽陸橋
歩道橋

HOSPITAL

マジュンピョン
맞은편
向かい側

クンギル
큰길
大通り

キルチ
길치
方向オンチ

ピョジ
표지
⍽標識

イルバントンヘン
일방통행
⍽一方通行

インド
인도
⍽人道
歩道

注目!

韓国道路事情

日本と異なり、車は右側通行です。また、車は赤信号でも、右折はできますので、歩行時に十分注意しましょう。

チハチョル
지하철
地下鉄

ヨク
역
(韓)駅

ファンスン
환승
(韓)換乗
乗り換え

ティモニ
티머니
T-money(交通カード)

ノソンド
노선도
(韓)路線図

モクチョクチ
목적지
(韓)目的地

チュンジョンギ
충전기
(韓)充填機
チャージ機

スンチャクォン　パルメギ
승차권 발매기
(韓)乗車券 販売機
券売機

シガンピョ
시간표
(韓)時間表
時刻表

キボンニョグム
기본요금
(韓)基本料金
初乗り

ポジュングム　ファングプキ
보증금 환급기
(韓)保証金 還給機
保証金払い戻し機

ヨンムウォン
역무원
(韓)駅務員
駅員さん

プルレッポム
플랫폼
(韓)プラットホーム

スンガンジャン
승강장
(韓)乗降場
乗り場

ッピ
삐!
ピッ！

トチ
터치
タッチ

ケチャルグ
개찰구
(韓)改札口

スクリンドオ
스크린도어
ホームドア

クペン
급행
(韓)急行

注目！

韓国地下鉄事情

韓国の地下鉄駅には、3ケタの番号がついているので、ハングルに自信がなくても乗りこなすことができます。ノヤクチャソク老弱者席（老弱者席）は優先席で、それとは別に、イムサンブ임산부 ペリョソク배려석（妊産婦配慮席）も用意されています。

チョンチョル
전철
電車

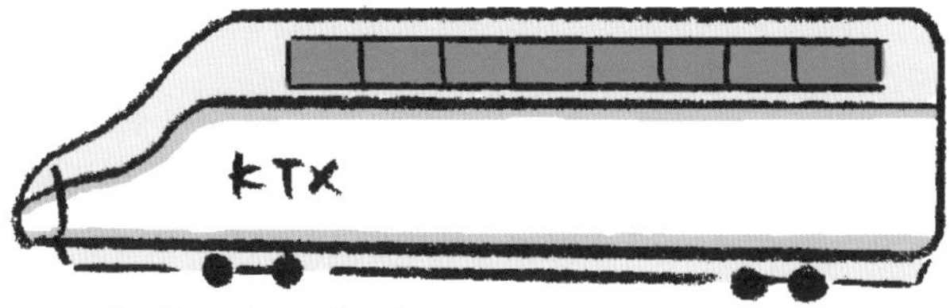

ハングク　コソク　チョルト　ケイティエクス
한국 고속 철도（케이티엑스）
[漢]韓国高速鉄道(KTX)

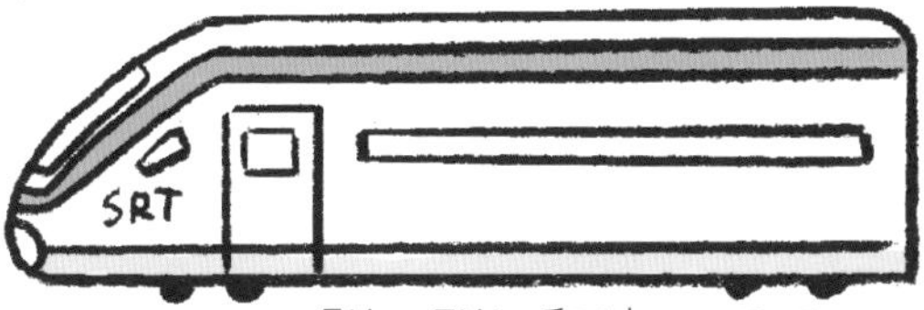

スソ　コソク　チョルト　エスアルティ
수서 고속 철도（에스알티）
[漢]水西高速鉄道(SRT)

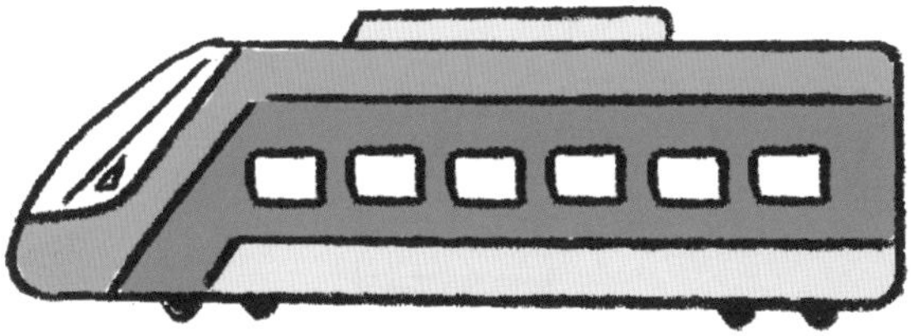

トゥックプ　ヨルチャ　アイティエクス　セマウル
특급 열차（아이티엑스 새마을）
[漢]特急列車(ITXセマウル)

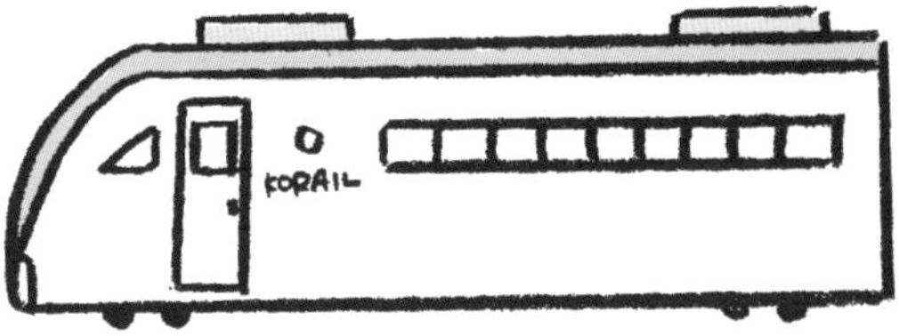

クペンニョルチャ　ヌリロ
급행열차（누리로）
[漢]急行列車(ヌリロ)

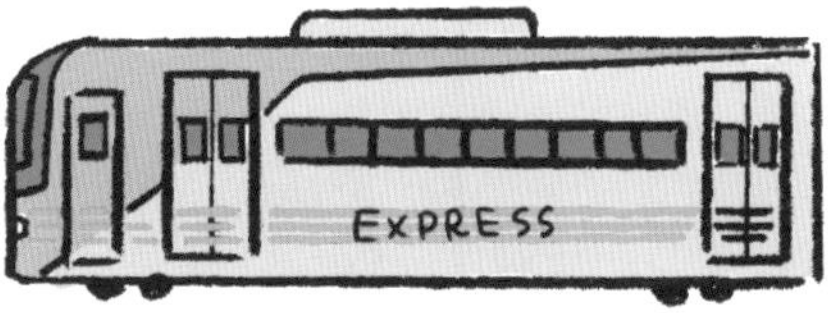

コンハン　チョルト　エイレクス
공항 철도（에이렉스）
[漢]空港鉄道(A'REX)

チジョンソク 지정석 [漢]指定席	チャユソク 자유석 [漢]自由席	イプソク 입석 [漢]立席
トゥクシル 특실 [漢]特室 特別車両	チャドンパンメギ 자동판매기 [漢]自動販売機	シクタンカン 식당칸 [漢]食堂ー 食堂車 

ホテル
호텔
ホテル

オソ　オセヨ
어서 오세요.
いらっしゃいませ。

チェクイン　プタカムニダ
체크인 부탁합니다.
チェックインおねがいします。

プロントゥ
프런트
フロント

RECEPTION

シングルルム
싱글룸
シングルルーム

トブルルム
더블룸
ダブルルーム

チェクアウッ
체크아웃
チェックアウト

イェヤク
예약
漢予約

トゥウィンルム
트윈룸
ツインルーム

カドゥキ
카드키
カードキー

クィジュンプム
귀중품
漢貴重品

スウィトゥルム
스위트룸
スイートルーム

ペルボイ
벨보이
ベルボーイ

スクパッケク
숙박객
漢宿泊客

チム
짐
荷物

ロビ
로비
ロビー

^{チョミョン}
조명
漢 照明

^{ヤギョン}
야경
漢 夜景

^{コトゥン}
키튼
カーテン

^{ステンドゥ} ^{ライトゥ}
스탠드 라이트
スタンドライト

^{テイブル}
테이블
テーブル

^{ペゲ}
베개
枕

^{シトゥ}
시트
シーツ

^{ルムソビス}
룸서비스
ルームサービス

^{ソパ}
소파
ソファー

^{チムデ}
침대
漢 寝台
ベッド

^{カペッ}
카펫
カーペット

^{ペス} ^{ソルトゥ}
배스 솔트
バスソルト

^{ファジャンソム}
화장솜
漢 化粧ー
コットン

^{ミョンボン}
면봉
漢 綿棒

^{ピヌ}
비누
石けん

^{シャンプ}
샴푸
シャンプー

^{オメニティ}
어매니티
アメニティ

^{コンディショノ}
컨디셔너
コンディショナー

119

ハノㇰ
한옥
韓屋（伝統建築様式家屋）

タンチュンチㇷ
단층집
[漢]単層―
平屋

キワジブン
기와지붕
瓦屋根

ケストゥハウス
게스트하우스
ゲストハウス

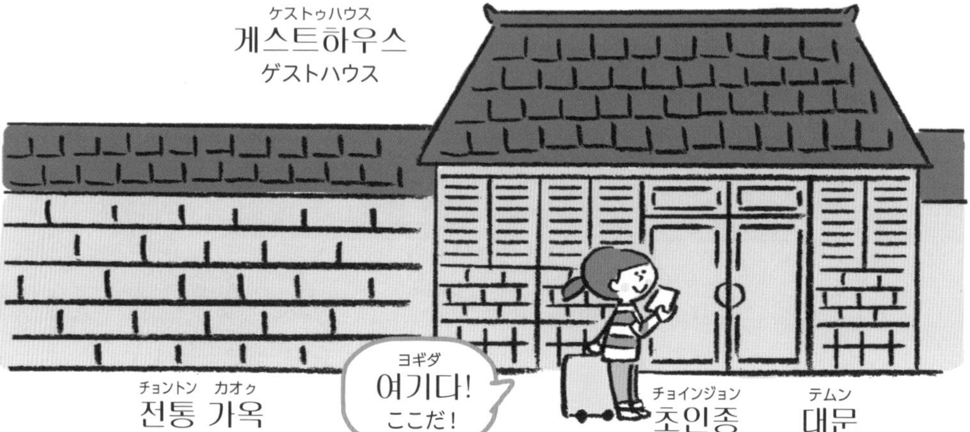

チョントン　カオㇰ
전통 가옥
[漢]伝統家屋

チョインジョン
초인종
[漢]招人鐘
呼び鈴

テムン
대문
[漢]大門
外門

ハンジ
한지
[漢]韓紙

アントゥル
안뜰
中庭

ムン
문
[漢]門
扉

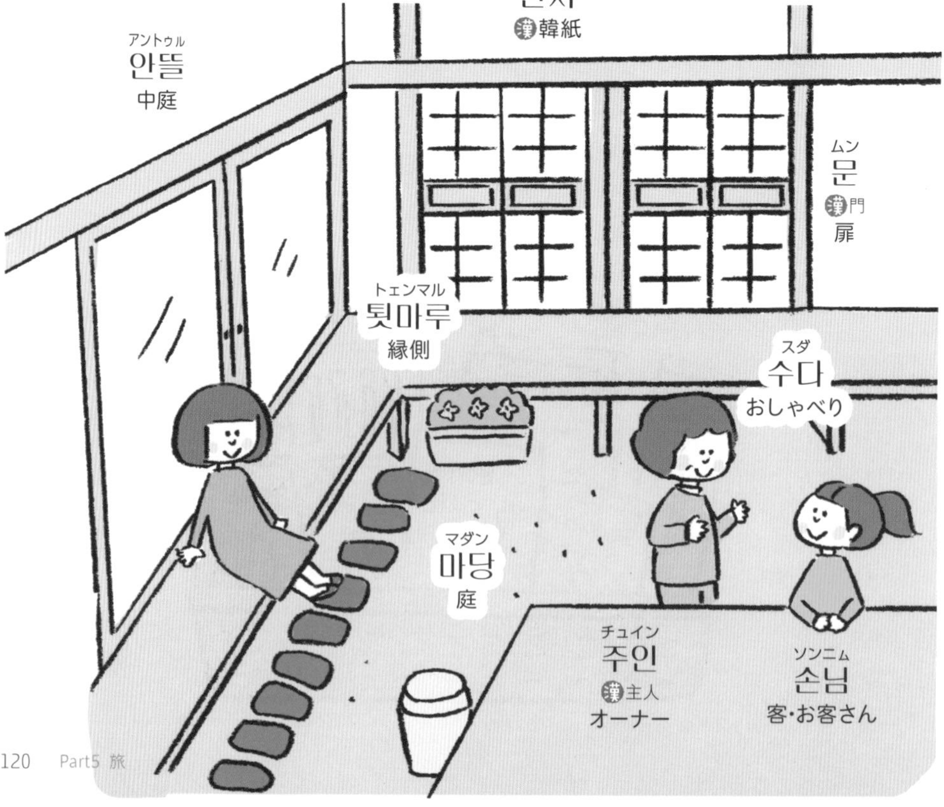

トェンマル
툇마루
縁側

スダ
수다
おしゃべり

マダン
마당
庭

チュイン
주인
[漢]主人
オーナー

ソンニㇺ
손님
客・お客さん

ウェプン
외풍
[漢]外風
すきま風

ソンプンギ
선풍기
[漢]扇風機

パンダジ
반닫이
パンダジ
(伝統チェスト)

ファジャンデ
화장대
[漢]化粧台
鏡台

チャンノン
장롱
[漢]欌籠
タンス

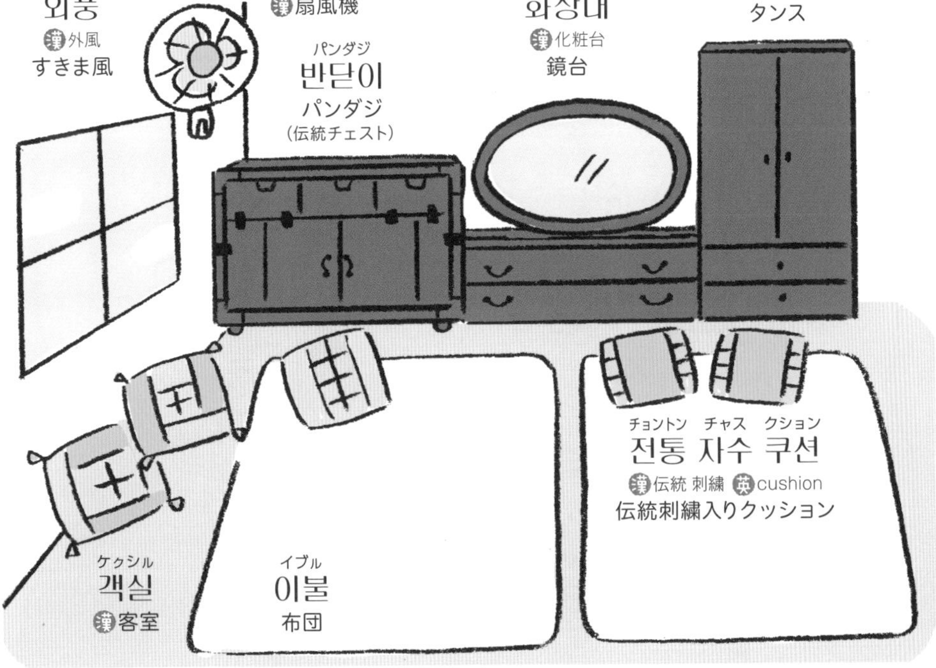

チョントン チャス クション
전통 자수 쿠션
[漢]伝統 刺繍 [英]cushion
伝統刺繍入りクッション
ケクシル
객실
[漢]客室
イブル
이불
布団

オンドル
온돌
[漢]温突
オンドル

チャンパン
장판
オンドル床シート

モクチョ
목조
[漢]木造

キドゥン
기둥
柱

コシル
거실
[漢]居室
リビング

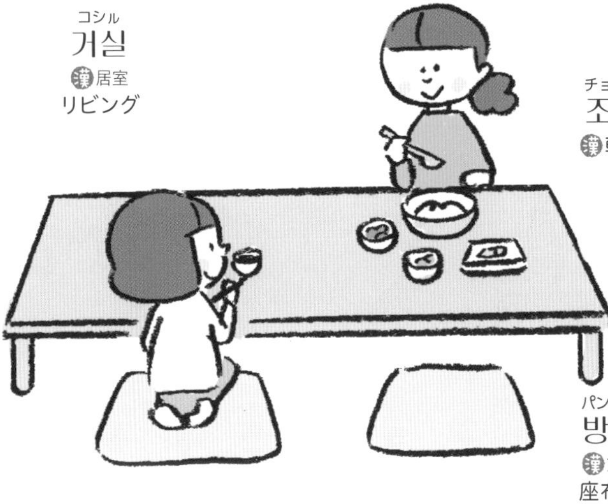

チョシク
조식
[漢]朝食

パンソク
방석
[漢]方席
座布団

여행 준비물
ヨヘン　チュンビムル

旅の持ち物

オッ
옷
服

ソゴッ
속옷
下着

スマトゥポン
스마트폰
スマートフォン／スマホ

ワイパイ
와이파이
Wi-Fi

カメラ
카메라
カメラ

배터리
バッテリー
ペトリ

センニ　ヨンプム
생리 용품
㊐生理用品

ピサンニャク
비상약
㊐非常薬
常備薬

チュンジョンギ
충전기
㊐充電器

ポケッ　ティシュ
포켓 티슈
ポケットティッシュ

비치 샌들
ビーチサンダル
ピチ　センドゥル

スヨンボク
수영복
㊐水泳服
水着

ファジャンプム
화장품
㊐化粧品

카이도ゥ부ク
가이드북
ガイドブック
カイドゥブク

ヨクォン
여권
㊐旅券
パスポート

スチョプ
수첩
㊐手帖
手帳

シニョン　カドゥ
신용 카드
㊐信用 ㊇card
クレジットカード

ヒョングム
현금
㊐現金

ケリオ
캐리어
㊇carrier
スーツケース

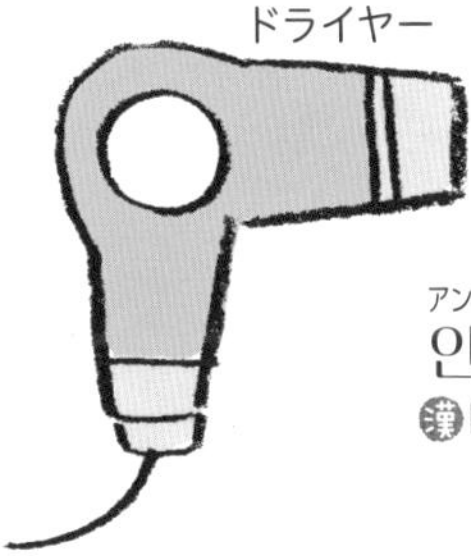

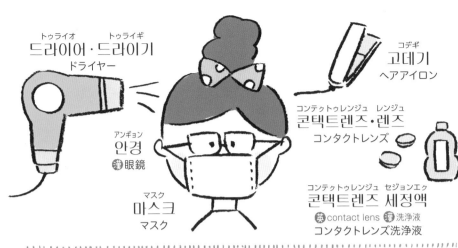

トゥライオ　トゥライギ
드라이어・드라이기
ドライヤー

アンギョン
안경
[漢]眼鏡

マスク
마스크
マスク

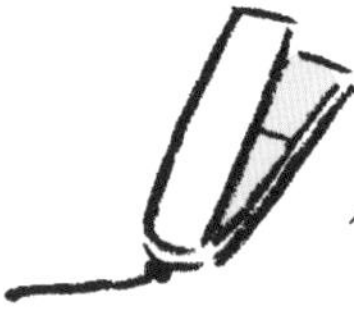

コデギ
고데기
ヘアアイロン

コンテクトゥレンジュ　レンジュ
콘택트렌즈・렌즈
コンタクトレンズ

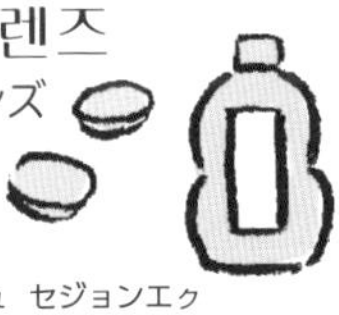

コンテクトゥレンジュ　セジョンエク
콘택트렌즈 세정액
[英]contact lens [漢]洗浄液
コンタクトレンズ洗浄液

トウィ　テチェク
더위 대책
暑さ対策

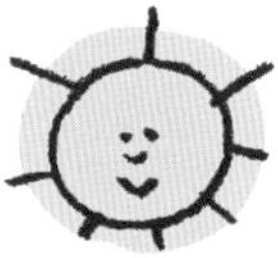

ッチェンッチェン
쨍쨍
ギラギラ

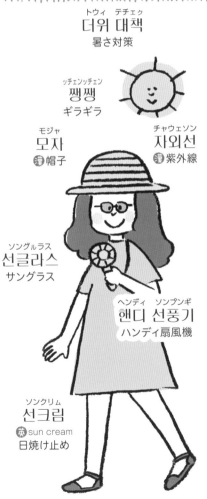

モジャ
모자
[漢]帽子

チャウェソン
자외선
[漢]紫外線

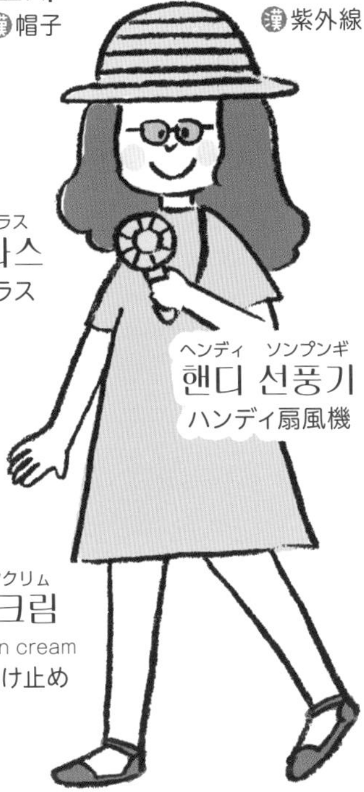

ソングルラス
선글라스
サングラス

ヘンディ　ソンプンギ
핸디 선풍기
ハンディ扇風機

ソンクリム
선크림
[英]sun cream
日焼け止め

チュウィ　テチェク
추위 대책
寒さ対策

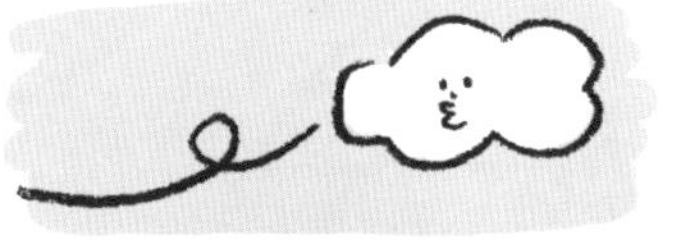

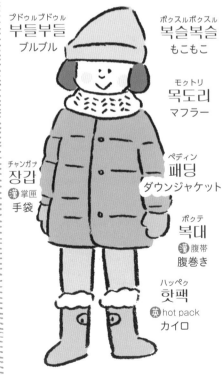

プドゥルブドゥル
부들부들
ブルブル

ポクスルボクスル
복슬복슬
もこもこ

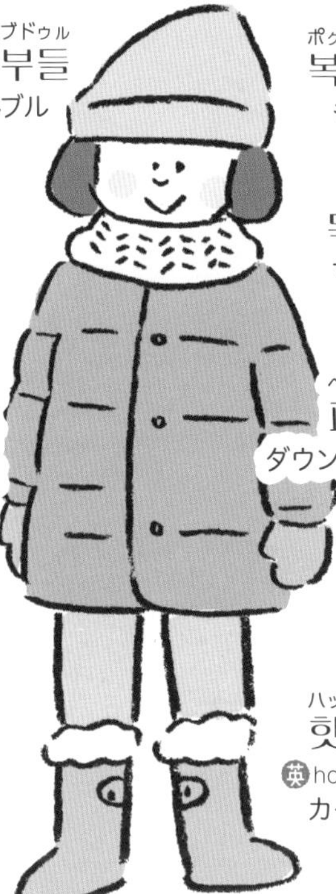

モクトリ
목도리
マフラー

チャンガプ
장갑
[漢]掌匣
手袋

ペディン
패딩
ダウンジャケット

ポクテ
복대
[漢]腹帯
腹巻き

ハッペク
핫팩
[英]hot pack
カイロ

ソンムル
선물
おみやげ

チョントン　ソプム
전통 소품
🇰伝統 小品
伝統小物

タル
탈
仮面

ハンジ
한지
🇰韓紙

トジャギ
도자기
🇰陶磁器

チョンジャ
청자
🇰青磁

ポクチュモニ
복주머니
🇰福ー
福きんちゃく

ペクチャ
백자
🇰白磁

ミョンハム　チガプ
명함 지갑
🇰名銜 紙匣
名刺入れ

ポソカム
보석함
🇰宝石函
宝石箱

ポジャギ
보자기
ポジャギ(パッチワーク布)

ナジョン　コンイェ
나전 공예
🇰螺鈿 工芸
螺鈿細工

メドゥプ
매듭
メドゥプ(組み紐)

スッカラク
숟가락
スプーン

チョッカラク
젓가락
箸

ツトゥクペギ
뚝배기
トッペギ

ハングル クッチュ
한글 굿즈
ハングルグッズ

レト セトゥ
레터 세트
㊍ letter set
レターセット

モグコブ
머그컵
マグカップ

사랑해

안녕

スティコ
스티커
㊍ sticker
シール

トジャン
도장
㊎ 図章
ハンコ

친구

사랑

チェッカルピ
책갈피
しおり

注目!

おみやげ選び

おみやげ選びに困ったら、文房具雑貨店がオススメ！ハングルが書かれたシール、ハンコ、ノートなどは自分の勉強用にも最適で、テンションアップ、間違いなし！また、ダイソ (ダイソー) など大型の 1000 ウォンショップも増えてきており、オリジナル商品の開発にも力を入れていて、行く度に新商品が出ているほどです。韓国伝統のデザインをあしらったグッズや韓国食堂でおなじみの食器などもリーズナブルに購入できますよ。

125

トン
돈
お金

トンジョン
동전
漢銅銭
硬貨

シ ウォン
십 원
10ウォン

オシ ブォン
오십 원
50ウォン

ペ グォン
백 원
100ウォン

オベ グォン
오백 원
500ウォン

チョ ヌォン
천 원
1000ウォン

オチョ ヌォン
오천 원
5000ウォン

マ ヌォン
만 원
10000ウォン

オマ ヌォン
오만 원
50000ウォン

チペ
지폐
漢紙幣

ヒョングム
현금
漢現金

ウンジョンミョノチュン
운전면허증
漢運転免許証

ポイントゥカドゥ
포인트 카드
ポイントカード

シニョン カドゥ
신용 카드
漢信用 英card
クレジットカード

ヒョングム カドゥ
현금 카드
漢現金 英card
キャッシュカード

モバイル ペイ
모바일 페이
モバイル決済

カゲ ミョンハム
가게 명함
ショップカード

プジャ
부자
漢富者
金持ち

カナナン サラム
가난한 사람
貧しい人

タヌィ
단위
㊗単位

ウォン
원 W
ウォン

エン
엔 ¥
円

タルロ
달러 $
ドル

エンジョ
엔서
円安

エンゴ
엔고
円高

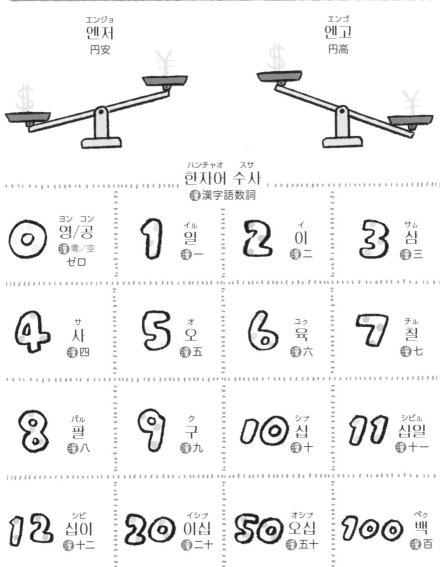

한자어 수사
ハンチャオ　スサ
㊗漢字語数詞

0 ヨン コン **영/공** ㊗零/空 ゼロ	**1** イル **일** ㊗一	**2** イ **이** ㊗二	**3** サム **삼** ㊗三
4 サ **사** ㊗四	**5** オ **오** ㊗五	**6** ユク **육** ㊗六	**7** チル **칠** ㊗七
8 パル **팔** ㊗八	**9** ク **구** ㊗九	**10** シプ **십** ㊗十	**11** シビル **십일** ㊗十一
12 シビ **십이** ㊗十二	**20** イシプ **이십** ㊗二十	**50** オシプ **오십** ㊗五十	**100** ペク **백** ㊗百

コユオ　スサ

고유어 수사
固有語数詞

ハナ **하나** ひとつ	ヨソッ **여섯** むっつ	ヨラナ **열하나** 11	シュィン **쉰** 50
トゥル **둘** ふたつ	イルゴプ **일곱** ななつ	ヨルトゥル **열둘** 12	イェスン **예순** 60
セッ **셋** みっつ	ヨドル **여덟** やっつ	スムル **스물** 20	イルン **일흔** 70
ネッ **넷** よっつ	アホプ **아홉** ここのつ	ソルン **서른** 30	ヨドゥン **여든** 80
タソッ **다섯** いつつ	ヨル **열** とお	マフン **마흔** 40	アフン **아흔** 90

ミョン **명** 達名 〜人	ポン **번** 達番 〜回	ピョン **병** 達瓶 〜本	シガン **시간** 達〜時間
マリ **마리** 〜匹	ケ **개** 達〜個	ソンイ **송이** 〜輪(花など)	ポル **벌** 〜着
クォン **권** 達券 〜冊	サル **살** 〜歳	チャル **자루** 〜本(鉛筆など)	キョルレ **컬레** 〜足
チャン **잔** 達盞 〜杯	チャン **장** 達張 〜枚	シ **시** 達〜時	テ **대** 達〜台

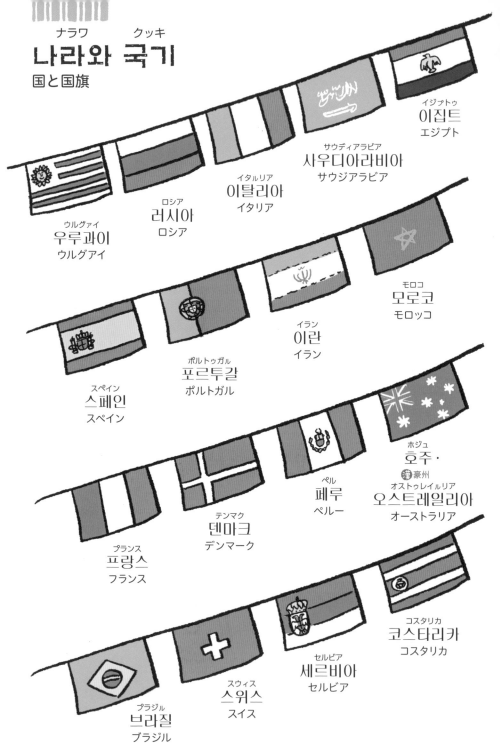

나라와 국기
ナラワ　クッキ

国と国旗

이집트
イジプトゥ
エジプト

사우디아라비아
サウディアラビア
サウジアラビア

이탈리아
イタルリア
イタリア

러시아
ロシア
ロシア

우루과이
ウルグァイ
ウルグアイ

모로코
モロコ
モロッコ

이란
イラン
イラン

포르투갈
ポルトゥガル
ポルトガル

스페인
スペイン
スペイン

호주 ·
ホジュ

豪州

오스트레일리아
オストゥレイルリア
オーストラリア

페루
ペル
ペルー

덴마크
テンマク
デンマーク

프랑스
プランス
フランス

코스타리카
コスタリカ
コスタリカ

세르비아
セルビア
セルビア

스위스
スウィス
スイス

브라질
ブラジル
ブラジル

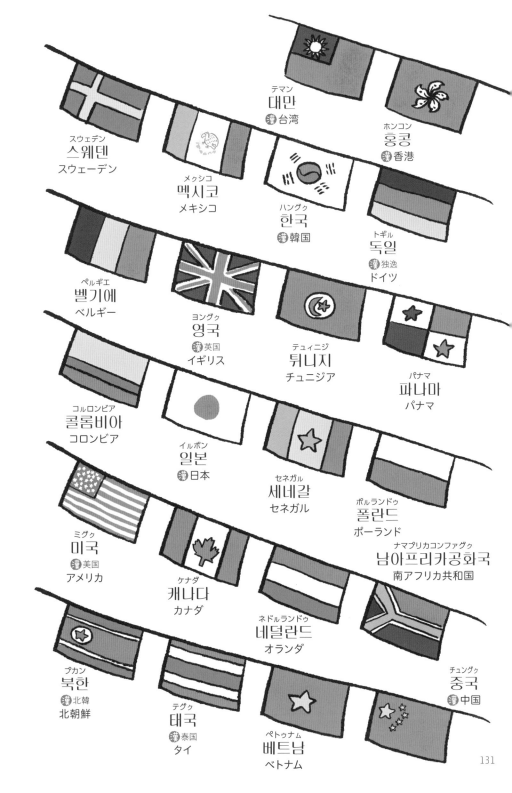

テマン
대만
漢台湾

ホンコン
홍콩
漢香港

スウェデン
스웨덴
スウェーデン

メクシコ
멕시코
メキシコ

ハングク
한국
漢韓国

トギル
독일
漢独逸
ドイツ

ペルギエ
벨기에
ベルギー

ヨングク
영국
漢英国
イギリス

テュニジ
튀니지
チュニジア

パナマ
파나마
パナマ

コルロンビア
콜롬비아
コロンビア

イルボン
일본
漢日本

セネガル
세네갈
セネガル

ポルランドゥ
폴란드
ポーランド

ミグク
미국
漢美国
アメリカ

ケナダ
캐나다
カナダ

ナマプリカコンファグク
남아프리카공화국
南アフリカ共和国

ネドルランドゥ
네덜란드
オランダ

プカン
북한
漢北韓
北朝鮮

テグク
태국
漢泰国
タイ

ペトゥナム
베트남
ベトナム

チュングク
중국
漢中国

131

つぶやきハングル

ハップル
핫플

話題のスポット

핫 (hot：ホット) な플레이스 (place：プレイス) の略。「#홍대핫플」のように地域名をつけて検索すると、知る人ぞ知る맛집 (おいしいお店) を発見できるかも！

Part6
街＆施設

周囲を見渡せば、暮らしに
欠かせないものがたくさんあります。
指差した先にあるものすべて、
韓国語でも言えるように
なりたいですね。

トシ
도시
都市

チャヨン
자연
㉯自然

コレ
고래
クジラ

サン
산
㉯山

スプ
숲
森

シゴル
시골
田舎

ホス
호수
㉯湖水
湖

マウル
마을
村

ケンプ
캠프
キャンプ

トゥンサン
등산
㉯登山／ハイキング

トンムルォン
동물원
㉯動物園

サイクルリン
사이클링
サイクリング

モクチャン
목장
㉯牧場

チャジョンゴ チョニョン　トロ
자전거 전용 도로
㉯自転車専用道路

コソクトロ
고속도로
㉯高速道路

CINEMA

Shopping mall

sale

ヨンファグァン
영화관
㉯映画館

ショピンモル
쇼핑몰
ショッピングモール

チュチャジャン
주차장
㉯駐車場

ペ
배
船

パダ
바다
海

スジョックァン
수족관
漢 水族館

ピョンウォン
병원
漢 病院

トシ
도시
漢 都市
都市/都会

HOSPITAL

AQUARIUM

キョフェ
교회
漢 教会

ハッキョ
학교
漢 学校

チプ
집
家

アパトゥ
아파트
マンション

トソグァン
도서관
漢 図書館

コンウォン
공원
漢 公園

カン
강
漢 江
川

タリ
다리
橋

ペクァジョム
백화점
漢 百貨店
デパート

ウネン
은행
漢 銀行

BANK

POST OFFICE

ウチェグク
우체국
漢 郵遞局
郵便局

SALE

テサグァン
대사관
漢 大使館

Police

キョンチャルソ
경찰서
漢 警察署

HOTEL

ホテル
호텔
ホテル

シチョン
시청
漢 市庁
市役所

135

サンガ
상가
商店街

ッタックンッタックン
따끈따끈
アツアツ

ッコッ　カゲ
꽃 가게
花屋

ッパンチプ
빵집
パン屋

チェソ　カゲ
채소 가게
漢菜蔬 −
八百屋

ペジョム　セイル
폐점 세일
漢閉店 英sale
閉店セール

エコベク
에코백
エコバッグ

ムングジョム
문구점
漢文具店
文房具屋

センソン　カゲ
생선 가게
漢生鮮−
魚屋

エイエス
AS
アフターサービス

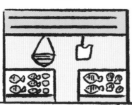

ヨンオビル
영업일
漢営業日

チュンビジュン
준비중
漢準備中

イシプサシガン ヨンオプ
24시간 영업
漢24時間営業

ヨンジュンムヒュ
연중무휴
漢年中無休

クァイル　カゲ
과일 가게
果物屋

チュリュ パンメジョム
주류 판매점
ⓗ酒類 販売店
酒屋

セイル
세일
セール

テリャン　クメ
대량 구매
ⓗ大量 購買
まとめ買い

チャンナンカム　カゲ
장난감 가게
おもちゃ屋

ホンチェクパン
헌책방
古本屋

ソンニム
손님
客

チョンギ ヒュイル
정기 휴일
ⓗ定期 休日
定休日

セタッソ
세탁소
ⓗ洗濯所
クリーニング屋

シンバル　カゲ
신발 가게
靴屋

137

ピョニジョム
편의점
コンビニ

ケサンデ
계산대
(漢)計算台
レジ

チョムォン
점원
(漢)店員

ケサン
계산
(漢)計算
会計

テュィギム
튀김
揚げ物

ピジャ　ホッパン
피자 호빵
ピザまん

COFFEE

カムジャテュィギム
감자튀김 ― 야채 호빵
フライドポテト

ヤチェ　ホッパン
야채 호빵
野菜まん

タンパッ　ホッパン
단팥 호빵
あんまん

コプ　ウムニョ
컵 음료
(英)cup (漢)飲料
カップドリンク

キム
김
のり

チャムチ　ケン
참치 캔
ツナ缶

スペム
스팸
スパム

SPAM
SPAM

POTATO
POTATO

チョミリョ
조미료
(漢)調味料

シンナミョン
신라면
辛ラーメン

コムナミョン
컵라면
カップラーメン

トシラク
도시락
弁当

ットゥゴウン　ムル
뜨거운 물
お湯

ATM

チョンジャレインジ
전자레인지
(漢)電子 (英)range
電子レンジ

エイティエム
에이티엠
ATM

センス
생수
㉒生水
ミネラルウォーター

パナナウユ
바나나우유
バナナ牛乳

センドゥウィチ
샌드위치
サンドイッチ

サムガッキンパプ
삼각김밥
おにぎり

キンパプ
김밥
のり巻き

ウムニョ
음료
㉒飲料
ドリンク

ッパン
빵
パン

タンサヌンニョ
탄산음료
㉒炭酸飲料

ケンコピ
캔커피
缶コーヒー

チジュ
치즈
チーズ

ペトゥピョン
페트병
㊍pet ㉒瓶
ペットボトル

ヨゴトゥ
요거트
ヨーグルト

ハッパ
핫바
魚肉ソーセージバー

コンジョンジ
건전지
㉒乾電池

ムング
문구
㉒文具
文房具

ファジャンプム
화장품
㉒化粧品

センニ ヨンプム
생리 용품
㉒生理用品

コンチェク ノトゥ
공책・노트
㉒空冊
ノート

NOTE BOOK

ペン
펜
ペン

メモジャン
메모장
メモ帳

MEMO

ヨンピル
연필
㉒鉛筆

アイスクリム
아이스크림
アイスクリーム

韓国と日本のコンビニの違い

韓国の大手コンビニはレジ袋が有料ですので、에코백（エコバッグ）を忘れずに持参しましょう。
ナム チョッカラク
나무 젓가락（割り箸。直訳：木の箸）や빨대（ストロー）はレジ横に置いてあることが多く、
チュシゲッソヨ
欲しいときは「〇〇 주시겠어요？」（〇〇くださいますか？）と言って、もらいましょう。また、
韓国のコンビニにはトイレがありませんので、ご注意を！

マトゥ
마트
スーパー

シンソン シクプム
신선 식품
漢新鮮 食品
生鮮食品

ユジェプム
유제품
漢乳製品

ウユ
우유
漢牛乳

ネンドンシクプム
냉동식품
漢冷凍食品

トゥッカ
특가
漢特価

Sale

カトゥ
카트
カート

ポト
버터
バター

マガリン
마가린
マーガリン

インストントゥ
인스턴트
シクプム
식품
インスタント
食品

ミルカル
밀가루
小麦粉

ッパンカル
빵가루
パン粉

プチムカル
부침가루
チヂミの粉

トゥブ
두부
漢豆腐

ユブ
유부
漢油腐
油揚げ

コンビジ
콩비지
おから

コンカル
콩가루
きなこ

キム
김
のり

ソルタン
설탕
漢雪糖
砂糖

Sugar

ソグム
소금
塩

シクチョ
식초
漢食酢
酢

フチュ
후추
こしょう

P

カンジャン
간장
漢一醬
しょうゆ

テンジャン
된장
みそ

ミリム
미림
みりん

ヨリスル　マッスル
요리술・맛술
漢料理ー
料理酒

ケチョプ
케첩
ケチャップ

マヨネジュ
마요네즈
マヨネーズ

キョジャ
거자
からし

コチュ
고주
唐辛子

コチュジャン
고추장
コチュジャン

チョゴチュジャン
초고추장
酢コチュジャン

ッサムジャン
쌈장
サムジャン

ヤチェ
야채
[漢]野菜

カジ
가지
なす

オイ
오이
きゅうり

ヤンパ
양파
玉ねぎ

ヤンベチュ
양배추
キャベツ

ヤンサンチュ
양상추
レタス

トマト
토마토
トマト

トラン
토란
[漢]土卵
さといも

コグマ
고구마
さつまいも

タノバク
단호박
かぼちゃ

カムジャ
감자
じゃがいも

タングン
당근
にんじん

パ
파
ねぎ

エホバク
애호박
ズッキーニ

ソンニュ
석류
[漢]石榴
ザクロ

メシル
매실
[漢]梅実
梅の実

サルグ
살구
あんず

チャモエ
참외
マクワウリ

ッタンコン
땅콩
ピーナッツ

ホドゥ
호두
くるみ

チャッ
잣
松の実

ピパ
비파
[漢]枇杷
びわ

ユジャ
유자
[漢]柚子
柚子

テチュ
대추
ナツメ

カム
감
柿

드럭스토어
トゥロクストオ

ドラッグストア

가글액
カグレク

英 gargle 漢 液
マウスウォッシュ

치약
チヤク

漢 歯薬
歯みがき粉

치실
チシル

デンタルフロス

칫솔
チッソル

歯ブラシ

구강 관리 용품
クガン クァルリ ヨンプム

漢 口腔 管理 用品
デンタルケア用品

염색약
ヨムセンニャク

漢 染色薬
カラーリング剤

붙임 머리
プチム モリ

エクステンション

헤어젤
ヘオジェル

ヘアジェル

헤어 스프레이
ヘオ スプレイ

ヘアスプレー

헤어 왁스
ヘオ ワクス

ヘアワックス

헤어 케어 용품
ヘオ ケオ ヨンプム

英 hair care 漢 用品
ヘアケア用品

제모
チェモ

漢 除毛
脱毛

족집게
チョクチプケ

毛抜き

귀이개
キュィイゲ

耳かき

면봉
ミョンボン

漢 綿棒

각질 제거
カクチル チェゴ

漢 角質 除去

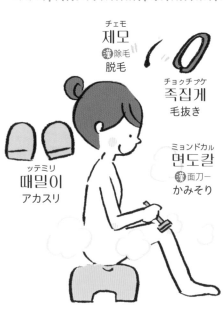

때밀이
ッテミリ

アカスリ

면도칼
ミョンドカル

漢 面刀ー
かみそり

기름종이
キルムジョンイ

油とり紙

코털 제거기
コトル チェゴギ

漢 ー 除去器
鼻毛カッター

클렌징
クルレンジン

クレンジング

약국（ヤックク）
薬局

감기약（カムギヤク）
[漢]感気薬
風邪薬

기침약（キチムニャク）
[漢]一薬
咳止め

수면제（スミョンジェ）
[漢]睡眠剤
睡眠薬

설사약（ソルサヤク）
[漢]泄瀉薬
下痢止め

진통제（チントンジェ）
[漢]鎮痛剤

약사（ヤクサ）
[漢]薬師
薬剤師

위장약（ウィジャンニャク）
[漢]胃腸薬

변비약（ピョンビヤク）
[漢]便秘薬

효력（ヒョリョク）
[漢]効力
効き目

부작용（プジャギョン）
[漢]副作用

注目!

韓国の薬局

韓国の街を歩いていると、「약（ヤク）（漢字語：薬）」「약국（ヤックク）（漢字語：薬局）」という看板がいたるところにあります。旅行中にちょっと疲れたら、栄養ドリンクの購入に立ち寄ってみてはいかがでしょうか？

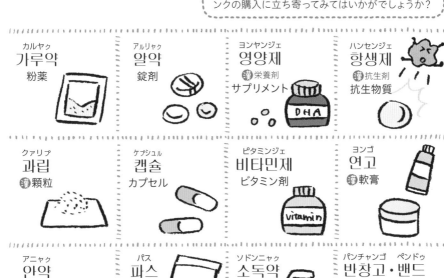

가루약（カルヤク）
粉薬

알약（アルリャク）
錠剤

영양제（ヨンヤンジェ）
[漢]栄養剤
サプリメント

항생제（ハンセンジェ）
[漢]抗生剤
抗生物質

과립（クァリプ）
[漢]顆粒

캡슐（ケプシュル）
カプセル

비타민제（ピタミンジェ）
ビタミン剤

연고（ヨンゴ）
[漢]軟膏

안약（アニャク）
[漢]眼薬
目薬

파스（パス）
湿布

소독약（ソドンニャク）
[漢]消毒薬

반창고・밴드（パンチャンゴ・ペンドゥ）
[漢]絆創膏・[英]band

ソジョム
서점
書店

チュチョン 추천 🇰 推薦 おすすめ	ペストゥセルロ 베스트셀러 ベストセラー	ステディセルロ 스테디셀러 ロングセラー

シンガン 신간 🇰 新刊	チャプチ 잡지 🇰 雑誌	ヨリ 요리 🇰 料理	ヨヘン 여행 🇰 旅行	チャムゴソ 참고서 🇰 参考書	サジョン 사전 🇰 辞典 辞書

チュルガニル
출간일
🇰 出刊日
発売日

ソジョム チグォン
서점 직원
🇰 書店 職員
書店員

カイドゥブク
가이드북
ガイドブック

ウェグゴ
외국어
🇰 外国語

ムンジェジプ
문제집
🇰 問題集

マヌァ 만화 🇰 漫画	ソソル 소설 🇰 小説	ヨクサ 역사 🇰 歴史	チョンギョ 종교 🇰 宗教	ムヌァ 문화 🇰 文化 カルチャー

ユガソ
육아서
🇰 育児書

クリムチェク
그림책
絵本

アドンソ
아동서
🇰 児童書

チャギゲバル
자기계발
[漢]自己啓発

ヨンソン
영성
[漢]霊性
スピリチュアル

ヨネ
연애
[漢]恋愛

チョム
점
[漢]占
占い

シ
시
[漢]詩

タイオトゥ
다이어트
ダイエット

コンガン
건강
[漢]健康

エセイ
에세이
エッセイ

ピジュニス
비즈니스
ビジネス

クミュン
금융
[漢]金融

エセイストゥ
에세이스트
エッセイスト

マケティン
마케팅
マーケティング

トゥチャ
독자
[漢]読者

ソソルガ
소설가
[漢]小説家

注目!

韓国の大型書店、ここが面白い！

韓国の大型書店と言えば、교보문고（キョボムンゴ）（教保文庫）や영풍문고（ヨンプンムンゴ）（永豊文庫）、반디앤루니스（パンディエンルニス）（BANDI & LUNI'S）が有名です。書籍のみならず、文房具やCD、さらに食堂やカフェが併設されていて1日のんびり過ごすこともできます。床に座って、ゆっくり立ち読みならぬ、座り読みも多く見かけます。日本の漫画を韓国語に翻訳したものもあり、好きな漫画を探してみてもいいですね。また、大型の中古書店알라딘（アルラディン）（アラジン）では、割引率が大きいわけではありませんが、新作も多く、在庫検索もできます。まずここで在庫を探して、なければ大型書店で新品を買う、という人も少なくないようです。

공식 굿즈 스토어
コンシㇰ クッチュ ストオ
公式グッズストア

ポスト
포스터
ポスター

タルリョㇰ
달력
カレンダー

ティショチュ
티셔츠
Tシャツ

スルロゴン タウォル
슬로건 타월
スローガンタオル

コンシㇰ クッチュ
공식 굿즈
[漢]公式 [英]goods
公式グッズ

キホルド ヨルソェゴリ
키홀더・열쇠고리
キーホルダー

トンブルロ
텀블러
タンブラー

プリントゥ モグコㇷ
프린트 머그컵
プリントマグカップ

ティブイディ
디브이디
DVD

ファボ
화보
[漢]画報
写真集

ハンジョンパン
한정판
[漢]限定版
限定商品

スリャン ハンジョン
수량 한정
[漢]数量限定

ピメプム
비매품
[漢]非売品

シンジェプン
신제품
[漢]新製品

公式ショップに行こう！

コンサートグッズのみならず、ショップオリジナル商品や高画質写真、アーティストの誕生日に限定販売されるアクセサリーもあり、ファンなら何度も訪れたいスポット。カフェやレストランを運営し、所属アーティストをイメージしたスイーツや料理を提供したりもします。アーティストが訪問して店内の一角や椅子にサインをしたり、食事をすることもあり、SNS などを頼りにサインを探したり、同じシートに座ってみたり。ファンにはたまらない空間です。

スマトゥリン
스마트링
英 smart ring
スマホリング

ペジ
배지
バッヂ

プチェ
부채
うちわ

トトゥベク
토트백
トートバッグ

ピギュオ
피규어
フィギュア

トゥオ　ブロショ
투어 브로셔
英 tour brochure
ツアーパンフレット

サジン
사진
漢 写真

ポストゥカドゥ
포스트카드
ポストカード

ヨクォン　ケイス
여권 케이스
漢 旅券 英 case
パスポートケース

ポトカドゥ
포토 카드
英 photo card
トレカ

영화관
ヨンファグァン
映画館

スクリン
스크린
スクリーン

テバク
대박
大ヒット

ケボンイル
개봉일
㉰ 開封日
封切日

チェモク
제목
㉰ 題目
タイトル

ファジェジャク
화제작
㉰ 話題作

ヒトゥジャク
히트작
㊤ hit ㉰ 作
ヒット作

パプコン
팝콘
ポップコーン

エンディン クレディッ
엔딩 크레딧
エンドロール

チョアソク チジョン
좌석 지정
㉰ 座席指定

チョアソク ポノ
좌석 번호
㉰ 座席番号

オジンオグイ
오징어구이
イカ焼き

スリディ
3D
3D

ボディ
4D
4D

コプルソク
커플석
カップル席

シミャ ヨンファ
심야 영화
㉰ 深夜 映画
レイトショー

ケボン チョンナル
개봉 첫날
㉰ 開封 ―
公開初日

<ruby>러브코미디<rt>ロブコミディ</rt></ruby>
ラブコメ

<ruby>다큐멘터리<rt>タキュメントリ</rt></ruby>
ドキュメンタリー

<ruby>코미디<rt>コミディ</rt></ruby>
コメディー

<ruby>자막<rt>チャマク</rt></ruby>
漢 字幕

<ruby>액션<rt>エクション</rt></ruby>
アクション

<ruby>더빙<rt>トビン</rt></ruby>
吹きかえ

<ruby>사극<rt>サグク</rt></ruby>
漢 史劇
時代劇

<ruby>한국<rt>ハングン</rt></ruby> <ruby>영화<rt>ニョンファ</rt></ruby>
漢 韓国映画

<ruby>공포<rt>コンポ</rt></ruby>
漢 恐怖
ホラー

<ruby>일본<rt>イルボン</rt></ruby> <ruby>영화<rt>ニョンファ</rt></ruby>
漢 日本 映画
邦画

<ruby>범죄<rt>ポムジョェ</rt></ruby>
漢 犯罪

<ruby>헐리우드<rt>ホルリウドゥ</rt></ruby> <ruby>영화<rt>ヨンファ</rt></ruby>
ハリウッド映画

<ruby>애니메이션<rt>エニメイション</rt></ruby>
アニメーション

<ruby>결말<rt>キョルマル</rt></ruby>
漢 結末

トンムルォン
동물원
動物園

コッキリ
코끼리
ゾウ

タジョ
타조
漢 駝鳥
ダチョウ

オルルンマル
얼룩말
シマウマ

キリン
기린
キリン

ハマ
하마
漢 河馬
カバ

ホンハク
홍학
漢 紅鶴
フラミンゴ

コップルソ
코뿔소
サイ

パンダ
판다
パンダ

コアルラ
코알라
コアラ

チョリッテ
조릿대
笹

ケンゴル
캥거루
カンガルー

プックッコム
북극곰
(漢)北極—
シロクマ

ペンギュィン
펭귄
ペンギン

ウォンスンイ
원숭이
サル

オフン
어흥
ガオーッ

コリルラ
고릴라
ゴリラ

サジャ
사자
(漢)獅子
ライオン

ホランイ
호랑이
(漢)虎狼—
トラ

ピョボム
표범
(漢)豹—
ヒョウ

チタ
치타
チーター

151

동물 울음소리
動物の鳴き声

153

スジョックァン
수족관
水族館

ポムゴレ
범고래
シャチ

チョンプ
점프
ジャンプ

トルゴレ
돌고래
イルカ

パダピョボム
바다표범
アザラシ

ムルビョラク
물벼락
水しぶき

パクス
박수
㊟拍手

ヨルテオ
열대어
㊟熱帯魚

ヘパリ
해파리
くらげ

ポゴ
복어
フグ

セウ
새우
エビ

マルミジャル
말미잘
イソギンチャク

ケ
게
カニ

サノ
산호
㊟珊瑚
サンゴ

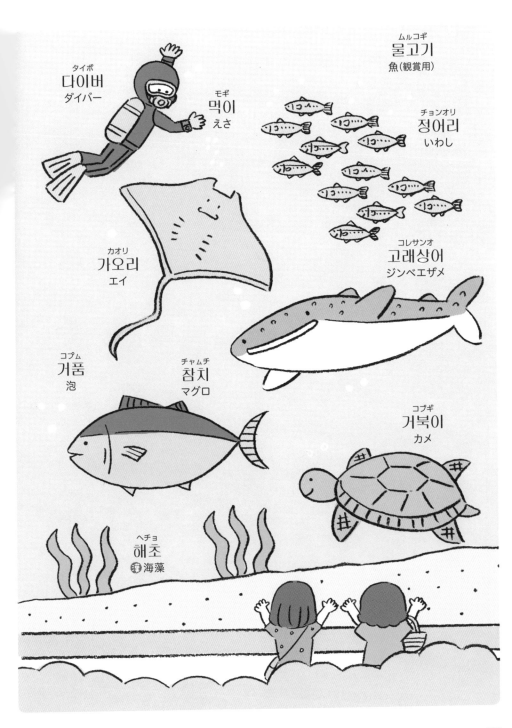

ピョルジャリ
별자리
星座

プルラネタリュム
플라네타륨
プラネタリウム

ヤンジャリ
앙자리
漢 羊−
おひつじ座

ファンソジャリ
황소자리
おうし座

サジャジャリ
사자자리
漢 獅子−
しし座

チョニョジャリ
처녀자리
漢 処女−
おとめ座

サスジャリ
사수자리
漢 射手−
いて座

ヨムソジャリ
염소자리
やぎ座

ムルピョンジャリ
물병자리
漢 −瓶−
みずがめ座

ケジャリ
게자리
かに座

ッサンドゥンイジャリ
쌍둥이자리
漢双一
ふたご座

チョンチンジャリ
천칭자리
漢天秤一
てんびん座

チョンガルジャリ
전갈자리
漢全蠍一
さそり座

ロッキ　コルロヌン　ッパルガンセク
럭키 컬러는 빨간색!!
ラッキーカラーは赤!!

ムルコギジャリ
물고기자리
うお座

ピョルジョム
별점
漢一占
星占い

157

ピョンウォン
병원
病院

クグプチャ　　ウングプチャ
구급차 · 응급차
(漢)救急車 · 応急車
救急車

チュンファンジャシル　　チプチュン　チリョシル
중환자실 · 집중 치료실
(漢)重患者室 · 集中 治療室
ICU

ウングプ　チリョ
응급 치료
(漢)応急 治療
救急治療

ファンジャ
환자
(漢)患者

イブォン
입원
(漢)入院

チルリョシル
진료실
(漢)診療室
診察室

チルリョ　キロク　カドゥ
진료 기록 카드
(漢)診療 記録 (英)card
カルテ

カノサ
간호사
(漢)看護師

ウイサ
의사
(漢)医師
医者

チュサ
주사
(漢)注射

チュンサン
증상
(漢)症状

マチュィ
마취
(漢)麻酔

リンゴ
링거
(英)ringer
点滴

ポクトン
복통
(漢)腹痛

ソルサ
설사
(漢)泄瀉
下痢

コンムル
콧물
鼻水

トッカム
독감
(漢)毒感
インフルエンザ

イミョン
이명
耳鳴り

トゥトン
두통
(漢)頭痛

クト
구토
(漢)嘔吐

キチム
기침
咳

オハン
오한
(漢)悪寒

ヨル
열
(漢)熱

プサン
부상
(漢)負傷 ケガ

タバク
타박
(漢)打撲

コルチョル
골절
(漢)骨折

モン
멍
あざ

ヨムジョア
염좌
(漢)捻挫 ねんざ

モクパル
목발
(漢)木ー 松葉づえ

キプス
깁스
ギプス

ツタクチ
딱지
かさぶた

チャルグァサン
찰과상
(漢)擦過傷 すり傷

ファサン
화상
(漢)火傷 やけど

カルチャグク
칼자국
切り傷

チュリョル
출혈
(漢)出血

コムサ
검사
(漢)検査

チェヒョル
채혈
(漢)採血

ソビョン コムサ
소변 검사
(漢)小便 検査 検尿

エクスレイ
엑스레이
レントゲン

ヒョラプ
혈압
(漢)血圧

シムジョンド
심전도
(漢)心電図

ハッキョ
학교
学校

オリニジプ
어린이집
保育園

ユチウォン
유치원
[漢] 幼稚園

▶

チョドゥンハッキョ
초등학교
[漢] 初等学校
小学校

▶

チュンハッキョ
중학교
[漢] 中学校

▶

コドゥンハッキョ
고등학교
[漢] 高等学校
高校

スオプ シガンピョ
수업 시간표
[漢] 授業 時間表
時間割り

クゴ
국어
[漢] 国語

スハク
수학
[漢] 数学

ヨンオ
영어
[漢] 英語

クァハク
과학
[漢] 科学

サフェ
사회
[漢] 社会

チェユク
체육
[漢] 体育

イェスル
예술
[漢] 芸術

チェイ ウェグゴ
제2 외국어
[漢] 第二外国語

キスル カジョン
기술・가정
[漢] 技術・家庭

ハンムン
한문
[漢] 漢文

キョヤン
교양
[漢] 教養

チュルソク
출석
[漢] 出席

キョルソク
결석
[漢] 欠席

ッテンテンイ
땡땡이
さぼり

ッコェビョン
꾀병
仮病

テハッキョ
대학교
圏大学校
大学

ユハク
유학
圏留学

チョンムンデ
전문대
圏専門大
専門学校

イプシ ハグォン
입시 학원
圏入試 学院
予備校

テハグォン
대학원
圏大学院

スホム コンブ
수험 공부
圏受験 工夫
受験勉強

スヌン シホム
수능 시험
圏修能 試験
大学入学統一試験

トェジ オンマ
돼지 엄마
教育熱心で
情報通なママ

ピョラクチギ
벼락치기
一夜漬け

ハプキョク
합격
圏合格

プラプキョク
불합격
圏不合格

注目!

韓国と日本の学校

スヌン シホム
수능 시험 (修能試験) は、大学入学のための統一試験で、毎年11月の第3週目の木曜日に実施されます。遅刻しそうな学生をパトカーで送迎したり、英語リスニングの試験時間は飛行機の離発着制限をするなど、国を挙げての応援体制となります。

ハンニョク サフェ
학력 사회
圏学歴社会

つぶやきハングル

ホムトゥ
홈트

自宅トレーニング

홈（home：家）でできる簡単な트레이닝（training：トレーニング）のこと。アップされている動画を見ながら運動すれば、体と韓国語を鍛えられて、一石二鳥ですね！

暮らし＆行事

季節や時間の経過を通して、
1年を、そして人生を、見てみましょう。
韓国の新しい魅力に
気づくきっかけに
なるかもしれません。

ヨンジュンヘンサ
연중행사
年中行事（1～3月）

イルォル
일월
[漢]1月

シンジョン
● **신정**
[漢]新正
新暦の元旦
（1月1日）

ソルラル
● **설날**
元旦

セベットン
세뱃돈
[漢]歳拝ー
お年玉

ミンソンノリ
민속놀이
[漢]民俗ー
民俗遊び

注目!

プロム
부럼とは？

陰暦の1月15日（小正月）の夜明け頃に、殻を剥いて栗、くるみ、落花生などを食べる風習、またはそれらナッツ類を総称して부럼（プロム）と言います。固い殻に包まれたこれらを食べることにより、邪鬼を追い払い、1年間肌に腫れものができないと言われています。

セヘ　ボン　マニ　パドゥセヨ
새해 복 많이 받으세요!
あけましておめでとうございます!

ノルテュィギ
널뛰기
板跳び
（ノルティギ）

ユンノリ
윷놀이
韓国式すごろく
（ユンノリ）

ヨンナルリギ
연날리기
凧揚げ

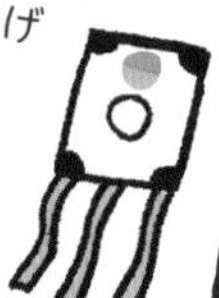

ペンイ　トルリギ
팽이 돌리기
コマ回し

ットックク
떡국
トック
（韓国式お雑煮）

チャ　チュィ
자・쥐
子／ねずみ

チュク　ソ
축・소
丑／うし

イン　ホランイ
인・호랑이
寅／とら

ミョ　トッキ
묘・토끼
卯／うさぎ

チン　ヨン
진・용
辰／たつ

サ　ペム
사・뱀
巳／へび

イウォル
이월
[漢]2月

● 정월 대보름（チョンウォル テボルム）

小正月（陰暦1月15日）

ポルムタル
보름달
満月

부럼（プロム）
小正月に食べるナッツ類

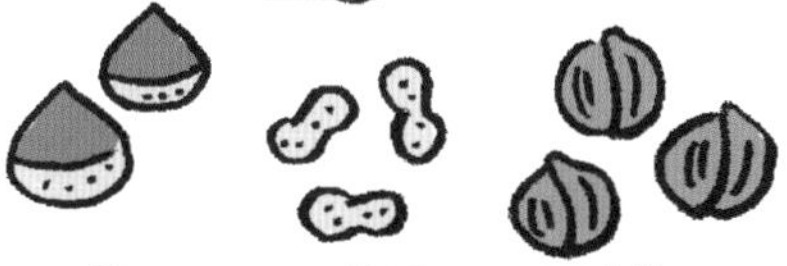

밤（パム）	땅콩（ッタンコン）	호두（ホドゥ）
栗	落花生	くるみ

● 밸런타인데이（ペルロンタインデイ）

バレンタインデー（2月14日）

サムォル
삼월
[漢]3月

● 삼일절（サミルチョル）

[漢]三一節（3月1日）
※1919年3月1日に起きた「独立運動」を記念する祝日

● 화이트데이（ファイトゥデイ）

ホワイトデー（3月14日）

오・말（オ マル）	미・양（ミ ヤン）	신・원숭이（シン ウォンスンイ）	유・닭（ユ タク）	술・개（スル ケ）	해・돼지（ヘ トェジ）
午／うま	未／ひつじ	申／さる	酉／にわとり	戌／いぬ	亥／ぶた

ヨンジュンヘンサ
연중행사
年中行事（4〜6月）

サウォル
사월
漢 4月

ハンシク
● **한식**
漢 寒食（4月5日〜6日頃）

ツスクトク
쑥떡
ヨモギ餅

ソンミョ
성묘
漢 省墓
お墓参り

シンモギル
● **식목일**
漢 植木日
植樹の日（4月5日）

チンダルレ
진달래
ツツジ

オウォル
오월
漢 5月

オリニナル
● **어린이날**
子どもの日（5月5日）

ソッカタンシニル
● **석가탄신일**
漢 釈迦誕辰日
釈迦誕生日（旧暦4月8日）

オボイナル
● **어버이날**
両親の日（5月8日）

ヒョド
효도
漢 孝道
親孝行

カネイション
카네이션
カーネーション

● 스승의 날
ススンエ ナル

師匠の日（5月15日）

은사
ウンサ
圏 恩師

선생님
ソンセンニム
圏 先生－
先生

꽃
ッコッ
花

편지
ピョンジ
圏 便紙
手紙

● 단오절
タノジョル

圏 端午節（旧暦5月5日）

씨름
ッシルム
韓国相撲

그네뛰기
クネッテュィギ
ブランコ
（クネティギ）

● 성년의 날
ソンニョネ ナル

圏 成年－
成年の日（5月第3月曜日）

성년례
ソンニョンネ
圏 成年礼

갓
カッ
カッ
（韓服帽子）

비녀
ピニョ
かんざし

단오 축제
タノ チュクチェ
圏 端午祝祭

액땜
エクテム
厄払い

창포
チャンポ
圏 菖蒲

참외
チャモェ
マクワウリ

유월
ユウォル
圏 6月

● 현충일
ヒョンチュンイル

圏 顕忠日
忠霊記念日（6月6日）
（戦没者追悼の記念日）

167

ヨンジュンヘンサ
연중행사
年中行事 (7~9月)

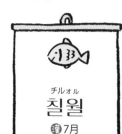

チルォル
칠월
🌱 7月

チェホンジョル
● **제헌절**
🌱 制憲節 (7月17日)

クォルリョク
권력
🌱 権力

ホンポブ
헌법
🌱 憲法

チュクォン
주권
🌱 主権

ポンナル
● **복날**
三伏の日 (7月中旬~8月中旬)

チョボク
초복
🌱 初伏
(土用の丑の日:1回目)

チュンボク
중복
🌱 中伏
(土用の丑の日:2回目)

マルボク
말복
🌱 末伏
(土用の丑の日:3回目)

トゥィ
더위
暑さ

ムドゥィ
무더위
蒸し暑さ

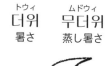

サムゲタン
삼계탕
🌱 蔘鶏湯
サムゲタン

チャプッサル
찹쌀
もち米

インサム
인삼
🌱 人蔘
朝鮮人参

パルォル
팔월
🌱 8月

クァンボクチョル
● **광복절**
🌱 光復節
独立記念日 (8月15日)

シンミンジ　チベ
식민지 지배
🌱 植民地支配

ヘバン
해방
🌱 解放

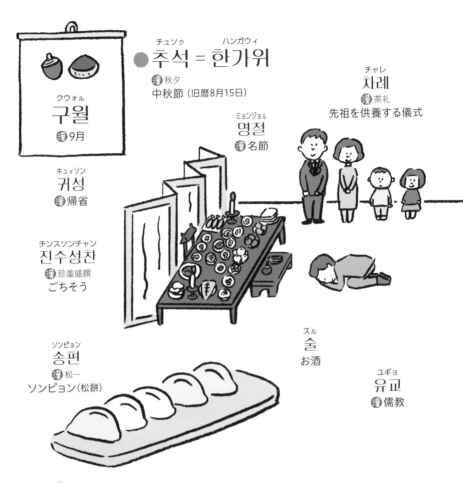

● 추석 = 한가위
<ruby>추석<rt>チュソク</rt></ruby> <ruby>한가위<rt>ハンガウィ</rt></ruby>

漢 秋夕
中秋節（旧暦8月15日）

차례
<ruby>チャレ</ruby>
漢 茶礼
先祖を供養する儀式

구월
<ruby>クウォル</ruby>
漢 9月

명절
<ruby>ミョンジョル</ruby>
漢 名節

귀성
<ruby>キュィソン</ruby>
漢 帰省

진수성찬
<ruby>チンスソンチャン</ruby>
漢 珍羞盛饌
ごちそう

송편
<ruby>ソンピョン</ruby>
漢 松―
ソンピョン（松餅）

술
<ruby>スル</ruby>
お酒

유교
<ruby>ユギョ</ruby>
漢 儒教

注目！

추석とは？
<ruby>チュソク</ruby>

旧暦8月15日の中秋節、추석（秋夕）は、설날（元旦）と並ぶ、명절（名節）と呼ばれる祝祭日の1つです。毎年、当日と前後1日の3日間が祝日となり、お店もお休みになることが多いので、旅行中は注意が必要です。多くの人々が実家へ帰省し、先祖の墓参りや차례（茶礼）を行ったりします。추석に欠かせない食べ物と言えば、송편（松餅）。米で作った生地でごまなどで作った餡を包み、松の葉を敷いて蒸した半月型の小さな떡（餅）です。かわいらしく作ることができると、素敵な旦那さんにめぐり会える、かわいい娘が生まれるなどの言い伝えがあります。名節では親戚が集まり、料理を作り続けなくてはいけないため、ストレスなどから体の不調を感じ、명절 증후군（名節症候群）という言葉もあるほど、女性陣には辛いものでもあるようです。

ヨンジュンヘンサ
연중행사
年中行事（10～12月）

シウォル
시월
[漢]10月

クックネ ナル
●국군의 날
[漢]国軍一
国軍の日（10月1日）

クンサ ポレイドゥ
군사 퍼레이드
[漢]軍事 [英]parade
軍事パレード

ケチョンジョル
●개천절
[漢]開天節
建国記念日（10月3日）

タングン シヌァ
단군 신화
[漢]檀君神話

ハングルラル
●한글날
ハングルの日（10月9日）

フンミンジョンウム
훈민정음
[漢]訓民正音

セジョンデワン
세종대왕
[漢]世宗大王

ヘルロウィン
●핼러윈
ハロウィーン（10月31日）

プンジャン
분장
[漢]扮装
仮装

ホバク
호박
かぼちゃ

トゥリク オオ トゥリッ
트릭 오어 트릿!
トリックオアトリート！

● 김장
キムジャン

キムチの漬け込み（11月末〜12月中旬）

고춧가루
コチュッカル
唐辛子の粉

양념
ヤンニョム
😀薬念
薬味合わせだれ

마늘
マヌル
にんにく

오이
オイ
きゅうり

배추
ペチュ
白菜

무
ム
大根

십일월
シビルォル
😀11月

● 수험
スホム
😀受験

대학 입시
テハク　イプシ
😀大学入試

부적
プジョク
😀符籍
お守り

엿
ヨッ
飴

※「飴＝くっつく（ベタベタする）＝合格する」という縁起かつぎ。

● 빼빼로데이
ッペッペロデイ

ペペロデー（11月11日）

빼빼로
ッペッペロ
ペペロ

합격기원
ハプキョッキウォン
😀合格祈願

● 크리스마스
クリスマス

クリスマス（12月25日）

기독교
キドッキョ
😀基督教
キリスト教
（プロテスタント）

천주교
チョンジュギョ
😀天主教
キリスト教
（カトリック）

십이월
シビウォル
😀12月

일루미네이션
イルルミネイション
イルミネーション

트리
トゥリ
ツリー

● 동지
トンジ
😀冬至

팥죽
パッチュク
小豆粥

새알심
セアルシム
もち米だんご

タルリョク
달력
カレンダー

ウォリョイル	ファヨイル	スヨイル	モギョイル
월요일	화요일	수요일	목요일
漢月曜日	漢火曜日	漢水曜日	漢木曜日

クミョイル	トヨイル	イリョイル
금요일	토요일	일요일
漢金曜日	漢土曜日	漢日曜日

チナンジュ	イボン チュ	タウム チュ	タダウム チュ
지난주	이번 주	다음 주	다다음 주
先週	今週	来週	再来週

メモ	イェジョン	スチョプ
메모	예정	수첩
メモ	漢予定	漢手帖 手帳

MON	TUE	WED	THU	FRI	SAT	SUN
1	2	3 ピョンイル 평일 漢平日	4	5	6 チュマル 주말 漢週末	7
8 クジョッケ 그저께 おととい	9 オジェ 어제 昨日	10 オヌル 오늘 今日	11 ネイル 내일 漢来日 明日	12 モレ 모레 あさって	13 ウェチュル 외출 漢外出 おでかけ	14
15	16	17	18	19	20	21 イル 일 仕事

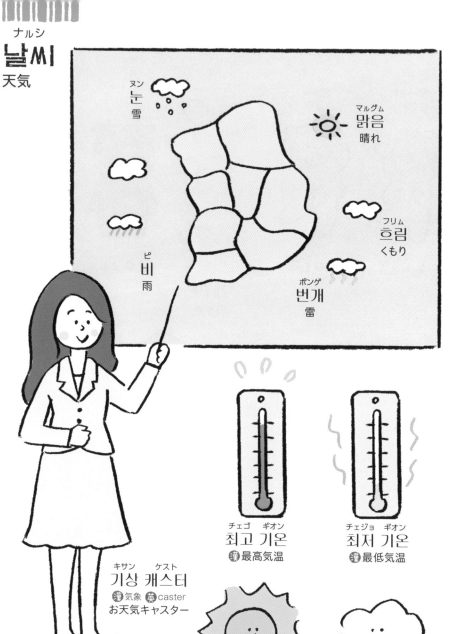

ナルシ
날씨
天気

ヌン
눈
雪
マルグム
맑음
晴れ
フリム
흐림
くもり
ピ
비
雨
ポンゲ
번개
雷
チェゴ　ギオン
최고 기온
[漢]最高気温
チェジョ　ギオン
최저 기온
[漢]最低気温
キサン　ケスト
기상 캐스터
[漢]気象 [英]caster
お天気キャスター
オヌレ　ナルシイムニダ
오늘의 날씨입니다.
今日のお天気です。
トウィ
더위
暑さ
チュウィ
추위
寒さ

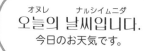

ソナギ
소나기
にわか雨

ポグ
폭우
🌐暴雨

ホンス
홍수
🌐洪水

テプン
태풍
🌐颱風
台風

フェオリ
회오리
つむじ風

ポクプン
폭풍
🌐暴風
嵐

アンゲ
안개
霧

パラム
바람
風

ウバク
우박
🌐雨雹
雹

스포츠
スポチュ
スポーツ

태권도 テクォンド
[漢]跆拳道
テコンドー

국기 クッキ
[漢]国技

띠 ッティ
帯

격투기 キョクトゥギ
[漢]格闘技

방어 パンオ
[漢]防御

공격 コンギョク
[漢]攻撃

시작 シジャク
[漢]始作
はじめ

품새 プムセ
基本形

발차기 パルチャギ
足蹴り

발 기술 パル キスル
[漢]ー 技術
足技

손 기술 ソン キスル
[漢]ー 技術
手技

돌려차기 トルリョチャギ
回し蹴り

찍어차기 ッチゴチャギ
かかと落とし

옆차기 ヨプチャギ
横蹴り

注目!

韓国では登山が人気のスポーツ

日本語で「登山」と言うと重装備をして山に登るイメージがありますが、韓国で등산（トゥンサン）（登山）と言うと、もう少し軽いものも含み、ちょうどハイキングのイメージに近いかもしれません。オススメはソウルの남산（ナムサン）（南山）で、いくつかのコースがありますが、道も整備されており、動きやすい服装とスニーカーで、気軽に楽しむことができます。歩き疲れたら、ベンチでひと休みをしたり、所々に設置された運動器具で体を動かしたりもできます。旅行の合間に、時間と体調に合わせて、登山に行ってみてはいかがでしょうか？

축구 チュック
(漢)蹴球
サッカー

골 コル
ゴール

월드컵 ウォルドゥコプ
ワールドカップ

한일전 ハニルジョン
(漢)韓日戦
日韓戦

야구 ヤグ
(漢)野球

투수 トゥス
(漢)投手
ピッチャー

포수 ポス
(漢)捕手
キャッチャー

타자 タジャ
(漢)打者
バッター

주자 チュジャ
(漢)走者
ランナー

농구 ノング
(漢)籠球
バスケットボール

슛 シュッ
シュート

드리블 トゥリブル
ドリブル

패스 ペス
パス

슬램 덩크 スルレム ドンク
スラムダンク

등산 トゥンサン
(漢)登山

등산화 トゥンサヌァ
(漢)登山靴
登山靴

물통 ムルトン
水筒

약수터 ヤクスト
(漢)薬水ー
湧き水汲み場

등산로 トゥンサンノ
(漢)登山路
登山道

ハゲ　オルリンピㇰ
하계 올림픽
夏季オリンピック

ケフェシㇰ
개회식
[漢]開会式

ペフェシㇰ
폐회식
[漢]閉会式

ソンファ
성화
[漢]聖火

オルリンピㇰ キョンギジャン
올림픽 경기장
[英]olympic [漢]競技場
オリンピックスタジアム

ソンファデ
성화대
[漢]聖火台

ソンファ リルレイ
성화 릴레이
[漢]聖火 [英]relay
聖火リレー

スヨン
수영
[漢]水泳

タック
탁구
[漢]卓球

ユド
유도
[漢]柔道

テニス
테니스
テニス

ヤングン
양궁
[漢]洋弓
アーチェリー

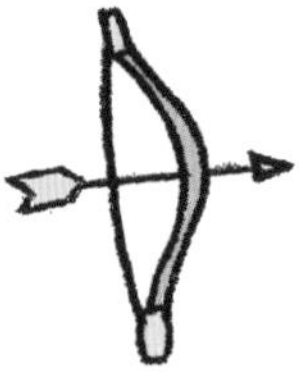

リドゥㇺ チェジョ
리듬 체조
[英]rhythm [漢]体操
新体操

ペドゥミントン
배드민턴
バドミントン

ユㇰサン
육상
[漢]陸上

カヌ
카누
カヌー

ペグ
배구
[漢]排球
バレーボール

ペンシン
펜싱
フェンシング

ポクシン
복싱
ボクシング

コルプ
골프
ゴルフ

ヨクト
역도
[漢]力道
重量挙げ

スンマ
승마
[漢]乗馬
馬術

ヘンドゥボル
핸드볼
ハンドボール

サギョク
사격
[漢]射撃

マラトン
마라톤
マラソン

レスルリン
레슬링
レスリング

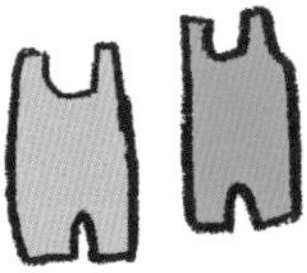

ロクピ
럭비
ラグビー

カラテ
가라테
空手

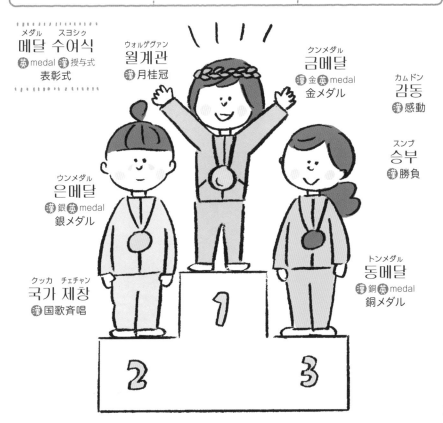

メダル スヨシク
메달 수여식
[英]medal [漢]授与式
表彰式

ウォルゲグァン
월계관
[漢]月桂冠

クンメダル
금메달
[漢]金[英]medal
金メダル

カムドン
감동
[漢]感動

スンブ
승부
[漢]勝負

ウンメダル
은메달
[漢]銀[英]medal
銀メダル

トンメダル
동메달
[漢]銅[英]medal
銅メダル

クッカ チェチャン
국가 제창
[漢]国歌斉唱

トンゲ　オルリンピㇰ
동계 올림픽
冬季オリンピック

チョンプ
점프
ジャンプ

ピギョスケイティン
피겨스케이팅
フィギュアスケート

ショトゥプログレム
쇼트프로그램
ショートプログラム

プリプログレム
프리프로그램
フリープログラム

トゥリプル　アクセル
트리플 악셀
トリプルアクセル

サフェジョン
4회전
[漢]四回転

ステプ
스텝
ステップ

キス　エン　クライ
키스 앤 크라이
キス&クライ

アイスリンク
아이스링크
リンク

パイン　プルレイ
파인 플레이
ファインプレー

コルリン
컬링
カーリング

アイスデンス
아이스댄스
アイスダンス

<ruby>기록<rt>キロク</rt></ruby>
㊌記録

<ruby>스키점프<rt>スキジョンプ</rt></ruby>
スキージャンプ

<ruby>세계 랭킹<rt>セゲ レンキン</rt></ruby>
世界ランキング

<ruby>아이스하키<rt>アイスハキ</rt></ruby>
アイスホッケー

<ruby>득점<rt>トゥクチョム</rt></ruby>
㊌得点

<ruby>역전<rt>ヨクチョン</rt></ruby>
㊌逆転

<ruby>동점<rt>トンチョム</rt></ruby>
㊌同点

<ruby>실점<rt>シルチョム</rt></ruby>
㊌失点

<ruby>스피드스케이팅<rt>スピドゥスケイティン</rt></ruby>
スピードスケート

<ruby>스키<rt>スキ</rt></ruby>
スキー

<ruby>승리<rt>スンニ</rt></ruby>
㊌勝利

<ruby>패배<rt>ペベ</rt></ruby>
㊌敗北

<ruby>무승부<rt>ムスンブ</rt></ruby>
㊌無勝負
引き分け

<ruby>모글<rt>モグル</rt></ruby>
モーグル

チョントン　イエスル
전통 예술
伝統芸術

ノンアク
농악
[漢]農楽

タアッキ
타악기
[漢]打楽器

チャング
장구
チャング

ッコェングァリ
꽹과리
ケンガリ(小さい鉦)

ミョンジャンミョン
명장면
[漢]名場面
見せ場

チン
징
チン(鉦)

サンモ
상모
[漢]象毛
サンモ
(細長い紐のついた帽子)

タルチュム
탈춤
タルチュム

タル
탈
仮面

チュム
춤
踊り

ストリ
스토리
ストーリー

スニム
스님
お坊さん

ヤンバン
양반
[漢]両班
ヤンバン

カヤグム
가야금
[漢] 伽倻琴
カヤグム

コムンゴ
거문고
コムンゴ

カンガンスルレ
강강술래
カンガンスルレ
（秋夕に月夜の下で女性が輪になって踊る遊び）

サムルロリ
사물놀이
[漢] 四物ー
サムルノリ

チン
징
チン（鉦）

ッコェングァリ
꽹과리
ケンガリ（小さい鉦）

チャング
장구
チャング

プク
북
プク

ムヒョン ムヌァジェ
무형 문화재
[漢] 無形文化財

パンソリ
판소리
パンソリ

ソリックン
소리꾼
歌い手

コス
고수
[漢] 鼓手
奏者

한복
韓服

マゴジャ
마고자
マゴジャ
（上着）

トゥルマギ
두루마기
トゥルマギ
（外出用の上着）

ピニョ
비녀
かんざし

コルム
고름
コルム
（チョゴリの
襟を結び合
わせるため
の布の紐）

ッチョク
쪽
おだんご

チョゴリ
저고리
チョゴリ
（上着）

セクトン
색동
セクトン

パジ
바지
パジ
（ズボン）

ックットン
끝동
クットン
（女性のチョゴリの
袖の先に色違いの
布をつけた部分）

ノリゲ
노리개
ノリゲ
（女性用の韓服に
使われる飾り）

チマ
치마
チマ
（スカート）

パジジョゴリ
바지저고리
パジチョゴリ
（男性の韓服）

チマジョゴリ
치마저고리
チマチョゴリ
（女性の韓服）

セクトンジョゴリ
색동저고리
セクトンチョゴリ
（腕の部分が何色にも
なっているチョゴリ）

<ruby>전통<rt>チョントン</rt></ruby> <ruby>놀이<rt>ノリ</rt></ruby>
伝統遊び

● <ruby>공기놀이<rt>コンギノリ</rt></ruby>

石を投げてつかむ伝統遊び

● <ruby>얼음땡<rt>オルムテン</rt></ruby>

氷鬼ごっこ

● <ruby>가위바위보<rt>カウィバウィボ</rt></ruby>

じゃんけん

<ruby>빠!<rt>ッパ!</rt></ruby>
パー！

<ruby>보<rt>ポ</rt></ruby>
パー

<ruby>묵!<rt>ムク</rt></ruby>
ムク！

注目!

じゃんけんぽん！

<ruby>가위바위보<rt>カウィバウィボ</rt></ruby>は「じゃんけんぽん」のかけ声です。<ruby>가위<rt>カウィ</rt></ruby>はハサミ、<ruby>바위<rt>バウィ</rt></ruby>は岩、<ruby>보<rt>ポ</rt></ruby>は包む布を意味しています。このほかに、<ruby>묵찌빠<rt>ムクチッパ</rt></ruby>という言い方もあります。<ruby>묵<rt>ムク</rt></ruby>がグー、<ruby>찌<rt>ッチ</rt></ruby>がチョキ、<ruby>빠<rt>ッパ</rt></ruby>がパーにあたります。

<ruby>가위<rt>カウィ</rt></ruby>
チョキ

<ruby>바위<rt>パウィ</rt></ruby>
グー

<ruby>찌!<rt>ッチ</rt></ruby>
チー！

<ruby>가위바위보!<rt>カウィバウィボ</rt></ruby>
じゃんけんぽん！

<ruby>닭싸움<rt>タクサウム</rt></ruby>
タクサウム
（ケンケンしながらぶつかり合う遊び）

<ruby>딱지치기<rt>ッタクチチギ</rt></ruby>
めんこ遊び

<ruby>제기차기<rt>チェギチャギ</rt></ruby>
チェギチャギ
（羽根蹴り）

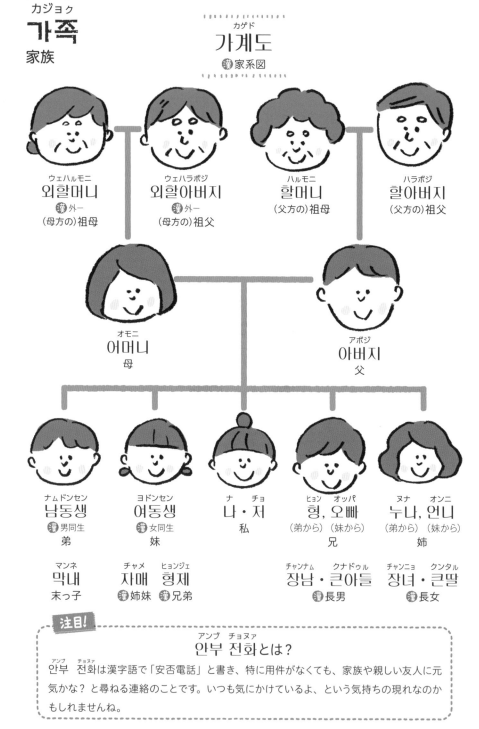

カジョク
가족
家族

カゲド
가계도
[漢]家系図

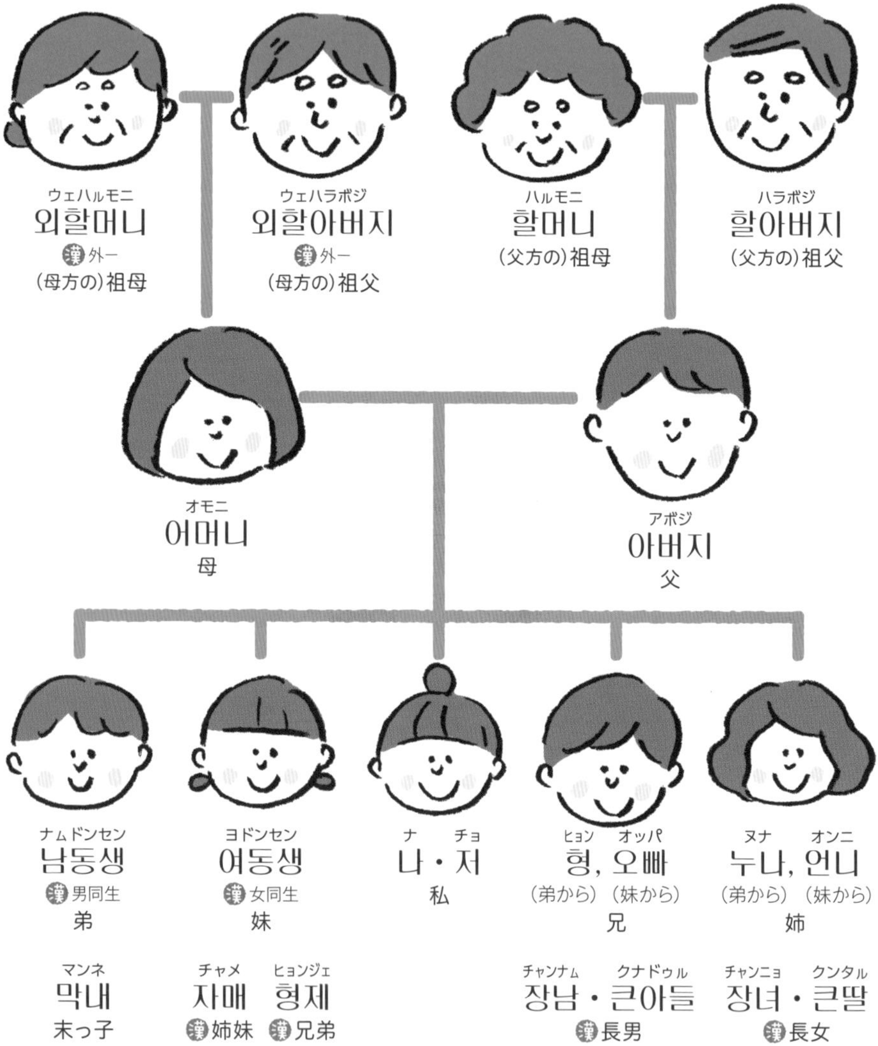
ウェハルモニ
외할머니
[漢]外一
（母方の）祖母
ウェハラボジ
외할아버지
[漢]外一
（母方の）祖父
ハルモニ
할머니
（父方の）祖母
ハラボジ
할아버지
（父方の）祖父
オモニ
어머니
母
アボジ
아버지
父
ナムドンセン
남동생
[漢]男同生
弟
ヨドンセン
여동생
[漢]女同生
妹
ナ　チョ
나・저
私
ヒョン　オッパ
형, 오빠
（弟から）（妹から）
兄
ヌナ　オンニ
누나, 언니
（弟から）（妹から）
姉
マンネ
막내
末っ子
チャメ
자매
[漢]姉妹
ヒョンジェ
형제
[漢]兄弟
チャンナム　クナドゥル
장남・큰아들
[漢]長男
チャンニョ　クンタル
장녀・큰딸
[漢]長女

注目!

アンブ　チョヌァ
안부 전화とは？

안부 전화（アンブ チョヌァ）は漢字語で「安否電話」と書き、特に用件がなくても、家族や親しい友人に元気かな？と尋ねる連絡のことです。いつも気にかけているよ、という気持ちの現れなのかもしれませんね。

인생① ～연애～
インセン　　　　　　　ヨネ

人生①恋愛

그냥 친구
クニャン　チング
濯 - 親旧
ただの友達

데이트
テイトゥ
デート

만남
マンナム
出会い

출발
チュルパル
濯 出発
スタート

교제
キョジェ
濯 交際
おつきあい

권태기
クォンテギ
濯 倦怠期

싸움
ッサウム
ケンカ

질투
チルトゥ
濯 嫉妬

바람
パラム
浮気

화해
ファヘ
濯 和解
仲直り

동거
トンゴ
濯 同居
同棲

프로포즈
プロポジュ
プロポーズ

양다리
ヤンダリ
濯 両一
二股

인생② ～결혼＆출산～
インセン　キョロン　チュルサン

人生②結婚＆出産

トルジャンチ
돌잔치
1歳を祝うパーティー

トルジャビ
돌잡이
子どもの将来を占うイベント

チュルサン
출산
[漢]出産

イムシン
임신
[漢]妊娠

チュカ
축하
[漢]祝賀
お祝い

プモニム
부모님
[漢]父母－
両親

シノンニョヘン
신혼여행
[漢]新婚旅行

ヘンボク
행복
[漢]幸福
幸せ

サンギョンネ
상견례
[漢]相見礼
両家あいさつ

キョロンシク
결혼식
[漢]結婚式

イホン
이혼
[漢]離婚

クㇰチェギョロン
국제결혼
[漢]国際結婚

ソクトウィバン
속도위반
[漢]速度違反
おめでた婚

注目!

トルジャビ
돌잡이とは？

子どもがどれをつかむかで将来を占う、돌잔치（トルジャンチ）（1歳のお祝い）に行う儀式です。子どもがつかんだものが실（シル）（糸）なら長寿、돈（トン）（お金）ならお金持ち、연필（ヨンピル）（鉛筆）なら学者、청진기（チョンジンギ）（聴診器）なら医者になると言われています。

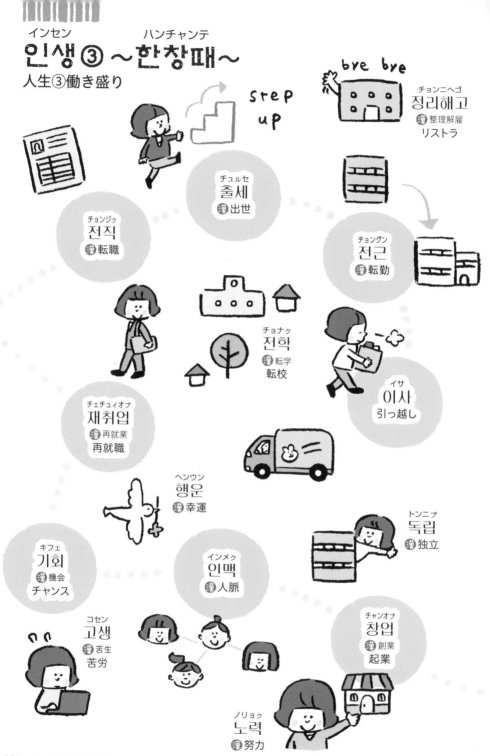

인생③ ～한창때～
インセン　ハンチャンテ

人生③働き盛り

step up

bye bye

チョンニヘゴ
정리해고
[漢]整理解雇
リストラ

チュルセ
출세
[漢]出世

チョンジク
전직
[漢]転職

チョングン
전근
[漢]転勤

チョナク
전학
[漢]転学
転校

イサ
이사
引っ越し

チェチュィオプ
재취업
[漢]再就業
再就職

ヘンウン
행운
[漢]幸運

トンニプ
독립
[漢]独立

キフェ
기회
[漢]機会
チャンス

インメク
인맥
[漢]人脈

チャンオプ
창업
[漢]創業
起業

コセン
고생
[漢]苦生
苦労

ノリョク
노력
[漢]努力

インセン マンニョン
인생④ ～만년～
人生④晩年

フェボク
회복
邇 回復

チャソン

지손
邇 子孫

ミレ
미래
邇 未来

トゥビョン
투병
邇 闘病

ポンサファルトン
봉사활동
邇 奉仕活動
ボランティア

トェウォン
퇴원
邇 退院

イブォン
입원
邇 入院

チュィミ
취미
邇 趣味

ファンガプ
환갑
邇 還甲
還暦

トンウォン
통원
邇 通院

ヨガ
여가
邇 余暇

トクシン センファル
독신 생활
邇 独身生活

60

トェジク
퇴직
邇 退職

チュィジク
취직
邇 就職

ミョンジョプ
면접
邇 面接

スンジン
승진
邇 昇進

チョギ トェジク
조기 퇴직
邇 早期退職

フェサウォン
회사원
邇 会社員

チョンギュジク
정규직
邇 正規職
正社員

アルバイトゥ
아르바이트
アルバイト

チョンニョントェジク
정년퇴직
邇 定年退職

イプサ シホム
입사 시험
邇 入社試験

ピジョンギュジク
비정규직
邇 非正規職
非正規社員

191

つぶやきハングル

ッコッキル
꽃길

花道

꽃(花)の咲いた幸せな길(道)のこと。
꽃길만 걷자!(花道だけ歩こうよ!)このフレーズには、これからは幸せに満ちた未来を歩もう! そんな意味が込められています。

あ

アーチェリー	178
アーティスト名	23
RT	35
愛	20
アイクリーム	63
アイシャドウ	61
ICU	158
アイスクリーム	90、139
アイスダンス	180
アイスホッケー	181
アイブロウ	60
アイライン	60
愛らしい。	25
青	56
赤	56
アカウント	33
アカスリ	65、142
赤ちゃん	187
赤ワイン	98
秋	173
握手	16
アクション	47、149
アクションシーン	27
アクセサリー	20
揚げ物	138
あざ	159
あさって	172
麻布	64
アザラシ	154
あさり粥	85
足	72
脚	72
味	81
足首	59
足蹴り	176
アシスタント	66
アシタバ	81
味付きカルビ	78
足つぼマッサージ	68
足の爪	59
足技	176
明日	172
小豆粥	85、171
小豆の蒸し餅	94
汗	73
あそこ	114
あたし	25
アダプター	40
頭	72
暑さ	168、174
暑さ対策	123
あっさり味	81
@（アットマーク）	37
アップヘア	28

宛先	18、38
あなた	25
兄（弟から）	21、186
兄（妹から）	21、186
アニソン	24
アニメーション	149
姉（弟から）	21、186
姉（妹から）	21、186
アヒル	152
狎鴎亭（アプクジョン）	105
油揚げ	140
油とり紙	142
アプリ	39
アプリストア	39
網	80
飴	171
雨	174
アメニティ	119
アメリカ	131
アメリカーノ	96
アメリカンドッグ	88
嵐	175
アルバイト	191
アレルギー	71
泡	62、155
アワビ粥	85
アンインストール	32
アンクレット	59
あんず	141
安全運転	111
＿（アンダーバー）	37
あんまん	138

い

亥／ぶた	165
Eメール	33
家	135
イエローバス	110
イカ	86
行かないで！	25
イカ焼き	148
行き先	110
行き止まり	115
イギリス	131
育児書	144
育成	47
遺失物取扱所	107
医者	158
石焼きビビンバ	78
石を投げてつかむ伝統遊び	185
椅子	97
イソギンチャク	154
板跳び（ノルティギ）	164
イタリア	130
位置	114
一	127

一位	23
1月	164
いちご	92
イチジク	92
10000ウォン	126
一夜漬け	161
胃腸薬	143
一括払い	42
一気飲み	99
1歳を祝うパーティー	189
一生	25
1対1チャット	33
いつつ（5つ）	128
一般タクシー	113
一方通行	115
梨大（イデ）	104
いて座	156
いとこ	187
田舎	134
イヌ	153
戌／いぬ	165
イメチェン	67
妹	186
イヤホン	39
イヤマフ	45
イヤリング	55
イラン	130
イルカ	154
イルミネーション	171
色	56
色違い	55
いわし	155
インクカートリッジ	40
仁寺洞（インサドン）	104
飲食店	76
インジョルミ	95
インスタグラム	34
インスタライブ	34
インスタント食品	140
インターネット	37、38
仁川（インチョン）	103
インフルエンザ	158
陰謀	26

う

卯／うさぎ	164
ウィキペディア	38
ウィスキー	98
ウィッグ	44
ウィルス	38
上	114
ウエハース	90
ウェブ漫画	39
Warm	33
うお座	157
ウォン	127

ウグイス	152	
ウシ	153	
丑／うし	164	
後ろ	114	
後ろ髪	67	
歌	17	
歌い手	183	
歌番組	22	
歌本	24	
打ち切り	26	
うちわ	17、147	
腕	72	
腕時計	44	
うとうと	111	
うどん	89	
ウマ	153	
午／うま	165	
海	135	
梅酒	98	
梅の実	141	
梅の実茶	70	
裏切り	26	
占い	145	
潤い	61	
ウルグアイ	130	
売れ筋ランキング	42	
浮気	188	
運賃	110	
運転手	111	
運転席	112	
運転免許証	126	
運命	26	

え

エイ	155
永遠に！	25
映画館	134、148
映画祭	28
営業中	137
営業日	136
英語	160
ATM	138
栄養補給	65
駅	116
駅員さん	116
エクステンション	142
エコノミークラス	109
エコバッグ	136、139
エゴマの葉	81
エゴマの葉のしょうゆ漬け	87
えさ	155
エジプト	130
SNS	39
エステ	68
エッセイ	145
エッセイスト	145
Ｎソウルタワー	104
エビ	154

エビ粥	85
絵本	144
絵文字	32
エレガント	51
円	127
縁側	120
演技大賞	29
演技派俳優	27
円高	127
延長コード	40
エンディング	26
エンドロール	148
鉛筆	139、189
円安	127

お

オイリー肌	63
オイルマッサージ	65
お祝い	189
おうし座	156
横断歩道	115
嘔吐	158
黄土サウナ	64
往復チケット	109
大型タクシー	113
大きいです	55
大酒飲み	99
オーストラリア	130
大通り	115
オーナー	120
オープンカー	112
オーラ	16
お菓子	20、93
おかず	80
お金	126
おから	140
悪寒	158
お気に入り	36
お客さん	120
送り主	18
おこげ飴	93
お酒	98、169
推し	22
おじいちゃん	187
おしぼり	109
おしゃべり	120
おすすめ	144
オタ活	22
おだんご	184
おつきあい	188
おつまみ	99
おつり	113
お手入れ	59
おでかけ	172
おでこ	73
おでん	88
お天気キャスター	174
弟	186

男友達	97
お年玉	164
おととい	172
おととし	173
おとめ座	156
踊り	182
おなか	72
お兄さん	21
おにぎり	139
お姉さん	21
おばあちゃん	187
お墓参り	166
帯	176
おひつじ座	156
オフホワイト	57
お坊さん	182
お守り	171
おみやげ	124
おめでた婚	189
思い出	25
おもちゃ屋	137
親孝行	166
親指	58
お湯	138
オランダ	131
オリンピック	178〜181
オリンピックスタジアム	178
オレンジ	92
音楽	23
恩師	167
音程	24
オンドル	121
オンドル床シート	121
女友達	97
オンラインゲーム	39、46

か

カーカー	152
ガーガー	152
カーキ	57
カーディガン	52
カーテン	55、119
カート	140
カード	18、47
カードキー	118
カーネーション	166
カーペット	119
カーリング	180
カール	52、67
〜回	129
開会式	178
海外ツアー	23
会議	96
会計	138
外国語	144
改札口	116
会社員	191
海水浴場	103

海鮮粥	85	悲しい結末	26	カンガンスルレ	183
海鮮チヂミ	79	カナダ	131	観客	17
海鮮鍋	79	カニ	154	観光地	104
海藻	155	かに座	157	観光バス	111
回転寿司	76	カヌー	178	缶コーヒー	139
ガイドブック	122、144	金持ち	126	韓国	102、109、131
回復	191	彼女	25、97	韓国映画	149
解放	168	カバ	150	韓国演歌	23
買い物依存症	42	カバー曲	23	韓国高速鉄道（KTX）	117
カイロ	123	カフェ	96	韓国式すごろく（ユンノリ）	164
カエル	153	カフェラテ	96	韓国相撲	167
顔	73	カプセル	143	韓国風おこし	94
ガオーッ	151	カプチーノ	96	看護師	158
科学	160	かぼちゃ	141、170	かんざし	167、184
かかと	59、72	かぼちゃ粥	85	韓紙	120、124
かかと落とし	176	かぼちゃの葉	81	漢字語数詞	127
鏡	62	髪	72	感謝	29
柿	141	かみそり	142	患者	158
夏季オリンピック	178	雷	174	感情表現	32
課金	46	ガム	93	寒食	166
核家族	187	カムジャタン	79	間奏	24
拡散	35	カムバック	23	間奏ジャンプ	24
角質除去	142	カメ	155	乾燥肌	63
カクテギ（大根のキムチ）	80	カメラ	122	元旦	164
カクテル	98	カメラマン	28	韓定食	87
格闘技	176	仮面	124、182	乾電池	139
学歴社会	161	カヤグム	183	感動	179
家系図	186	粥	85、95	監督賞	28
傘	44	歌謡大賞	29	江南（カンナム）	105
かさかさ	63	火曜日	172	江陵（カンヌン）	103
かさぶた	159	柄	53	看板	76
歌詞	17、25	カラー	67	韓服	184
カシャ！	28	カラーコピー	41	漢文	160
カジュアルシック	53	カラーリング剤	142	韓方医	70
歌唱力	23	カラオケ	24	韓方市場	103
かすみ草	20	からし	140	韓方クリニック	70
風	175	カラシ菜	81	韓方薬	70
風邪	71	カラス	152	還暦	191
風邪薬	143	体	72		
仮装	170	体の不調	71	**き**	
家族	186	空手	179	黄	56
肩	72	顆粒	143	ギアラ（第4胃袋）	82
肩こり	71	カリン茶	70	キーボード	37
肩肉（牛）	82	カルチャー	144	キーホルダー	45、146
肩肉（豚）	83	カルテ	158	キウイ	92
片道チケット	109	カルビ	83	記憶喪失	26
肩ロース（牛）	82	カルビスープ	84	効き目	143
肩ロース（豚）	83	彼	25	起業	190
カチューシャ	44、52	彼氏	97	記者	28
カッ（韓服帽子）	167	カレンダー	146、172	技術・家庭	160
カッコウ	152	カロス通り	105	キス＆クライ	180
学校	135、160	皮（豚）	83	キスシーン	27
カット	66	川	135	帰省	169
カットケーキ	91	瓦屋根	120	着せ替えテーマ	32
カッピング	68	江原道（カンウォンド）	103	季節	173
カップドリンク	138	韓屋（伝統建築様式家屋）	120	北	114
カップラーメン	138	韓屋村	103	北朝鮮	131
カップル席	148	カンガルー	150	貴重品	118

菊花茶	95	
キツツキ	152	
切手	18	
キツネ	153	
既読スルー	32	
機内	108	
機内アナウンス	108	
機内食	109	
機内モード	108	
きなこ	140	
昨日	172	
ギプス	159	
基本形	176	
君	25	
君なしじゃ生きられない。	25	
黄緑	56	
キムチ	80、87	
キムチチゲ	79	
キムチの漬け込み	171	
気持ち	25	
客	120、137	
客室	121	
逆転	181	
キャッシュカード	126	
キャッチャー	177	
キャップ	50	
キャビンアテンダント	106	
キャベツ	81、141	
キャミソール	51	
キャラクター	46	
キャンキャン	153	
キャンセル	24	
キャンディ	93	
キャンプ	134	
九	127	
QRコード	38	
救急車	158	
救急治療	158	
急行	116	
急行列車（ヌリロ）	117	
90	128	
旧跡	103	
牛タン	82	
牛肉	82	
牛肉きのこ粥	85	
牛乳	140	
牛プルコギ	78	
急ブレーキ	111	
きゅうり	141、171	
きゅうりのキムチ	80	
今日	172	
教育熱心で情報通なママ	161	
教会	135	
餃子のスープ	84	
鏡台	121	
兄弟	186	
教養	160	
曲	23	

魚肉ソーセージバー	139	
去年	173	
京畿道（キョンギド）	103	
慶尚南道（キョンサンナムド）		
	103	
慶尚北道（キョンサンプクト）		
	103	
景福宮（キョンボックン）	104	
ギラギラ	123	
霧	175	
切り傷	159	
キリスト教（カトリック）	171	
キリスト教（プロテスタント）		
	171	
キリン	150	
記録	181	
金色	57	
銀色	57	
銀行	135	
金メダル	179	
銀メダル	179	
金融	145	
金曜日	172	

く

光州（クァンジュ）	103	
グー	185	
空港	106	
空港鉄道	117	
空港リムジンバス	107	
空車	113	
？（クエスチョンマーク）	37	
9月	169	
クジラ	134	
くずの葉茶	95	
薬棚	70	
薬指	58	
くせのある味	81	
果物屋	137	
口	73	
口コミ	38、42	
くちびる	73	
口紅	60	
靴	20、44	
クッキー	93	
靴下	43	
クッション	121	
クットン	184	
グッバイステージ	23	
靴屋	137	
国	102、130	
首	72	
くびれ	72	
くま	61	
グミ	93	
くもり	174	
くらげ	154	
Classic	33	

グラス	80、97	
クラッチバッグ	51	
グラデーション	58	
栗	164、165	
クリーニング屋	137	
グリーンバス	110	
クリスマス	171	
クリック！	36	
グループ	36	
グループ通話	33	
グループトーク部屋	33	
車	112	
くるみ	141、165	
くるみまんじゅう	95	
ぐるる	76	
Gray	33	
グレープフルーツ	92	
クレジットカード		
	42、113、122、126	
クレンジング	62、142	
黒	57	
苦労	190	
黒ごま粥	85	
グロス	60	
クロソイ	86	
桑の葉茶	95	
軍事パレード	170	

け

経営シミュレーション	47	
警察署	135	
掲示板	38	
芸術	160	
芸術大賞	29	
軽食屋	77	
携帯電話	39	
競馬	47	
KBS	104	
K-POP	23	
経由地	109	
経絡マッサージ	65	
ケーキ	20、91	
ケーブル	40	
ゲーム	46、47	
ケガ	159	
化粧	60	
化粧水	62	
化粧品	60、122、139	
ゲストハウス	120	
ケチャップ	140	
血圧	159	
月火ドラマ	26	
月桂冠	179	
結婚	189	
結婚式	189	
欠席	160	
結末	149	
月曜日	172	

毛抜き	142	氷鬼ごっこ	185	固有語数詞	128
仮病	160	ゴール	177	小指	58
ケランチム（蒸し卵）	79	5月	166	ゴリラ	151
下痢	158	故郷	187	ゴルフ	179
下痢止め	143	国技	176	コルム	184
ケロケロ	153	国軍の日	170	コロンビア	131
ケンカ	188	国語	160	紺	56
ケンガリ（小さい鉦）	182、183	国際結婚	189	コンコン	153
現金	122、126	国際線	106	コンサート	17
健康	145	国内線	106	コンシーラー	60
建国記念日	170	コケコッコー	152	今週	172
検査	107、159	ここ	114	コンタクトレンズ	123
検索	34	ココア	96	コンタクトレンズ洗浄液	123
倦怠期	188	ここのつ（9つ）	128	コンディショナー	119
現地時間	109	腰	72	コンビニ	138
限定商品	146	五十	127
検尿	159	50	128

さ

券売機	116	50ウォン	126	〜歳	129
憲法	168	こしょう	140	サイ	150
権力	168	小正月	165	サイクリング	134
		小正月に食べるナッツ類	165	採血	159

こ

〜個	129	コスタリカ	130	最高気温	174
五	127	個性派俳優	27	再就職	190
コアラ	150	5000ウォン	126	サイズ	55
恋人	97	ごちそう	169	再生	37
コインカラオケ	24	コチュジャン	140	サイダー	97
幸運	190	国花	102	最低気温	174
公園	135	国歌	102	財布	44
硬貨	126	国会議事堂	104	サイン会	16
公開初日	148	国歌斉唱	179	サウジアラビア	130
合格	161	国旗	102、130	サウナ	64
合格祈願	171	骨折	159	魚（観賞用）	155
航空券	109	小包	18	魚の辛いスープ	84
攻撃	46、176	コットン	62、119	魚屋	136
高校	160	Cotton candy	33	酒屋	137
交差点	115	今年	173	先にフォロー	35
格子柄	53	子どもの将来を占うイベント		削除	35
公式グッズ	16、146	（トルジャビ）	189	作品賞	28
公式グッズストア	146	子どもの日	166	さくらんぼ	92
高視聴率	26	粉薬	143	ザクロ	141
降車ボタン	111	コノシロ	86	笹	150
香水	20、61	ごはん	87	ささ身	83
洪水	175	コピー機	41	刺身	86
抗生物質	143	コピー用紙	41	刺身食堂	86
高速道路	134	500ウォン	126	座席	111
紅茶	96	コマ回し	164	座席指定	148
交通カード	110、113、116	50000ウォン	126	座席番号	148
後部座席	112	五味子茶	70	さそり座	157
紅葉	173	小麦粉	140	〜冊	129
高麗人参茶	95	コムタン（牛肉の煮込みスープ）		撮影現場	27
高麗人参風呂	64		84	サッカー	47、177
交流	36	コムンゴ	183	雑誌	144
声	17、73	コメディー	149	さつまいも	141
コート	43	コメント	37	さといも	141
コードレス電話	41	ごめんね。	25	砂糖	140
コーヒー	96	小物	44	サビ	17
コーラ	97	子役	27	座布団	121
				サプリメント	143

さぼり	160	
サムギョプサル	77、83	
サムゲタン	76、168	
寒さ	174	
寒さ対策	123	
サムジャン	80、140	
サムルノリ	183	
皿	90	
再来週	172	
再来年	173	
さらさら（髪が）	53	
ザラザラ	63	
サル	151	
申／さる	165	
三	127	
三位	23	
三一節（3月1日）	165	
3月	165	
サングラス	44、123	
サンゴ	154	
参考書	144	
30	128	
酸素マスク	108	
サンダル	45、59	
サンチュ	81	
サンドイッチ	139	
サンファ茶	95	
三伏の日	168	
サンモ	182	

し

四	127	
詩	145	
〜時	129	
指圧	68	
幸せ	189	
幸せになろう。	25	
シースルー	51	
シーツ	119	
CD	16	
シートベルト	112	
シール	18、125	
ジーンズ	53	
シェア	35、36	
J-POP	23	
ジェルネイル	58	
塩	140	
塩入り油	80	
塩サウナ	64	
しおり	125	
司会者	29	
紫外線	123	
4月	166	
〜時間	129	
時間割り	160	
時刻表	116	
自己啓発	145	
仕事	96、172	

時差	109	
しし座	156	
刺繍	52、121	
辞書	144	
師匠の日（5月15日）	167	
自然	103、134	
事前録画	22	
子孫	191	
舌	73	
下	114	
時代劇	26、149	
下着	43、122	
7月	168	
試着	55	
試着室	55	
視聴率	26	
実家（妻からみた夫の実家）	187	
実家（妻からみた妻の実家）	187	
シッケ	65	
失点	181	
嫉妬	188	
ジッパー	55	
湿布	143	
シティーツアーバス	110	
指定席	117	
自転車専用道路	134	
児童書	144	
自動販売機	117	
自撮り写真	34	
市内バス	110	
シナモン茶	95	
シナリオ	27	
紙幣	126	
死別	26	
脂肪吸引	69	
姉妹	186	
シマウマ	150	
字幕	149	
シマチョウ	82	
しみ	61	
地味です	54	
指名	66	
Sharp	33	
社会	160	
じゃがいも	141	
じゃがいもの煮付け	87	
釈迦誕生日（旧暦4月8日）	166	
市役所	135	
射撃	179	
ジャケット	43、53	
写真	33、147	
写真集	146	
写真映え	34	
写真フィルター機能	33	
シャチ	154	
シャツワンピース	53	
車道	115	
シャワー	64	

じゃんけん	185	
シャンパン	98	
Champagne	33	
ジャンプ	154、180	
シャンプー	66、119	
ジャンル	47	
十	127	
十一	127	
11	128	
11月	171	
10ウォン	126	
10月	170	
儒教	169	
シュークリーム	91	
住所	18	
就職	191	
十字路	115	
ジュース	97	
自由席	117	
充電器	40、122	
シュート	177	
柔道	178	
十二	127	
12	128	
12月	171	
十八番	24	
週末	172	
週末ドラマ	26	
重量挙げ	179	
収録放送	22	
主演	27	
主演賞	28	
宗教	144	
宿泊客	118	
主権	168	
受験	171	
受験勉強	161	
シュシュ	44	
受賞コメント	29	
授賞式	28	
受賞者	29	
受信	38	
受信トレイ	38	
宿題	96	
出勤	16	
出血	159	
出国審査	107	
出産	189	
出世	190	
出生の秘密	26	
出席	160	
出発	106	
出発時間	106	
首都	102	
手動	113	
趣味	191	
旬	86	
準備中	136	

生姜茶	70	人生	74、188〜191	スタイリスト	66
小学校	160	新製品	146	スタイリング	66
乗客	110	親戚	187	スタンドライト	119
錠剤	143	新体操	178	スタンプ	18
乗車拒否	113	身長	72	スタンプ（絵文字）	32
症状	158	新村（シンチョン）	104	頭痛	71、158
昇進	191	心電図	159	ズッキーニ	141
小説	144	Simple	33	すっぴん	62
小説家	145	ジンベエザメ	155	ステップ	180
焼酎	98	人脈	190	ストーリー	26、32、182
商店街	136	深夜バス	111	ストーン	58
衝動買い	42	辛ラーメン	138	ストッキング	43、55
消毒薬	143	新暦の元旦（1月1日）	164	ストライプ	53
常備薬	122			ストレート	67
勝負	179	**す**		ストロー	90
菖蒲	167	酢	140	スナック	108
照明	119	素足	59	スニーカー	45、50
しょうゆ	140	スイートルーム	118	すね肉	82
勝利	181	水泳	178	スパム	138
常連客	99	すいか	92	スピードスケート	181
助演	27	スイス	130	スピリチュアル	145
助演賞	28	水族館	135、154	スプーン	80、125
ショート	67	水筒	177	スフレパンケーキ	97
ショートパンツ	51	水分補給	65	スペイン	130
ショートプログラム	180	睡眠不足	46	スポーツ	47、176
ショール	44	睡眠薬	143	スポーティ	51
植樹の日（4月5日）	166	水木ドラマ	26	スポットライト	29
触診	70	水曜日	172	ズボン	43
食堂車	117	Sweet	33	スマートフォン	39、122
食品	140	スウェーデン	131	スマホ	39、40、122
植民地支配	168	数学	160	スマホケース	39
食欲不振	71	数詞	127、128	スマホリング	147
除光液	59	スーツ	43	炭火	80
助手席	112	スーツケース	106、122	スムージー	90
ショッピングモール	134	スーパー	140	／（スラッシュ）	37
ショップカード	126	スープ	84	スラムダンク	177
書店	144	数量限定	146	3D	46、148
書店員	144	末っ子	186	すり傷	159
初伏	168	スカート	43	スリッパ	45
処方箋	70	スカーフ	44	スリッポン	45
女優	27	スキー	181	スローガンタオル	146
ショルダーバッグ	50	スキージャンプ	181	スワイプ	34
白	57	スキニージーンズ	50	スンデ	88
白粥	85	すきま風	121	スンドゥブチゲ	79
シロクマ	151	スキャナー	40		
白ワイン	98	スキャン	41	**せ**	
しわ	61	スキンケア	62	聖火	178
新学期	173	スキントラブル	63	聖火台	178
新刊	144	スクリーン	148	聖火リレー	178
新規加入	36	スクロール	34	税関	107
新曲	24	酢コチュジャン	86、140	税関申請書	108
新曲案内	24	水正果（スジョングァ）	95	整形	69
シングルルーム	118	スズキ	86	制憲節（7月17日）	168
人口	102	スズメ	152	星座	156
信号機	115	水西（スソ）高速鉄道（SRT）		青磁	124
新婚旅行	189		117	正社員	191
診察室	158	スター	16	生鮮食品	140
新人賞	28	スタート	24、188	成年の日	167

成年礼 167
生理不順 71
生理用品 122、139
世界ランキング 181
咳 158
咳止め 143
セキュリティー 38
セクトン 184
セクトンチョゴリ 184
世宗大王（セジョンデワン） 170
セセリ 83
石けん 119
セット 66
背中 72
セネガル 131
セミロング 53
背もたれ 108
セリ 81
ゼリー 91
セルビア 130
ゼロ 127
背ロース（牛） 82
背ロース（豚） 83
1000ウォン 126
洗顔バンド 62
洗顔料 62
前後 114
先週 172
先生 167
先祖を供養する儀式（チャレ）
169
選択 24
戦闘 46
扇風機 121
センマイ（第3胃袋） 82
専門学校 161
戦略 47

そ

ゾウ 150
早期退職 191
相互フォロー 35
奏者 183
送信 38
送信トレイ 38
ソウル 102、103、104
〜足 129
そこ 114
ソックス 51
袖 51
外付けハードディスク 40
外門 120
そばかす 61
祖父（父方の） 186
祖父（母方の） 186
ソファー 119
ソフトドリンク 99
祖母（父方の） 186

祖母（母方の） 186
ソメク（焼酎のビール割） 98
ソルロンタン
（牛肉の白濁スープ） 84
聖水洞（ソンスドン） 105
ソンピョン（松餅） 94、169

た

ターコイズ 56
タートルネック 50
タイ（魚） 86
タイ（国） 131
〜台 129
体育 160
退院 191
ダイエット 145
大学 161
大学院 161
大学入学統一試験 161
大学入試 171
大学路 105
大家族 187
大韓民国 102
退勤 16
体型 54
大根 171
大使館 135
体重 72
退職 191
だいだい 56
タイツ 55
タイトル 148
タイトル曲 23
第二外国語 160
ダイバー 155
大ヒット 26、148
台風 175
台本 27
タイムライン 35
タイヤ 112
たい焼き 88
台湾 131
ダウンジャケット 123
ダウンロード 32
タオル 64
打楽器 182
タキシード 28
タクサウム 185
タクシー 113
タクシー乗り場 113
タグ付け 36
凧揚げ 164
ただの友達 188
立席 117
ダチョウ 150
辰/たつ 164
タッカンマリ（鶏の水炊き） 79
卓球 178

タッチ 116
タットリタン
（鶏肉ピリ辛煮込み） 79
タップ 34
脱毛 142
旅の持ち物 122
ダブルルーム 118
タブレット 37
打撲 159
だぼだぼ 53
卵焼き 87
玉ねぎ 141
タルチュム 182
タルト 91
たるみ 61
単位 127、129
短距離 113
檀君神話 170
端午祝祭 167
端午節（旧暦5月5日） 167
炭酸飲料 139
タンス 121
ダンス 17
ダンス曲 23
タンバリン 24
短パン 64
ダンプカー 112
タンブラー 146

ち

チー 185
チーク 60
小さいです 55
チーズ 139
チーズケーキ 91
チーター 151
チェギチャギ 185
済州道・済州島（チェジュド）
103
チェックアウト 118
チェック柄 53
地下鉄 116
近道 113
チケット 17
地図 105
父 186
チヂミ 87
チヂミの粉 140
縮れ毛 67
チマ 184
チマチョゴリ 184
チムジルバン 64
地名 103
チャージ機 116
チャイルドシート 112
茶色 57
茶菓 95
〜着 129

着信音	39	ツアーパンフレット	147
着払い	42	ツイート	35
着陸	106	ツイッター	35
茶食	94	ツイッター友達	35
チャット	39	ツインルーム	118
チャプサルトク	95	通院	191
チャプチェ（春雨の甘辛炒め）	79	2D	46
昌慶宮（チャンギョングン）	105	通路側	108
チャング	182、183	つけまつげ	68
チャンス	190	ツツジ	166
昌徳宮（チャンドックン）	105	包み野菜	81
チャンネル登録	37	ツナ缶	138
中学校	160	つむじ風	175
中華料理	76	強く	68
中国	131	釣り	47
注射	158	ツリー	171
駐車禁止	115	つり革	110
駐車場	134		
中秋節（旧暦 8月15日）	169		
チューチュー	153		
中伏	168		
忠霊記念日（6月6日）	167		
チュニジア	131		
チュンチュン	152		
忠清南道（チュンチョンナムド）			
	103		
忠清北道（チュンチョンプクト）			
	103		
超音波治療	69		
長距離バス	111		
調剤	70		
長女	186		
朝食	121		
朝鮮人参	168		
長男	186		
蝶ネクタイ	28		
調味料	138		
チョキ	185		
直進	114		
直毛	67		
チョコパイ	93		
チョゴリ	184		
チョコレート	99		
チョコレートケーキ	91		
直行便	109		
チョラン	95		
全羅南道（チョルラナムド）	103		
全羅北道（チョルラプクト）	103		
正菓（チョングァ）	94		
清渓川（チョンゲチョン）	105		
全州（チョンジュ）	103		
清州（チョンジュ）	103		
宗廟（チョンミョ）	105		
チン（鉦）	182、183		
チンゲンサイ	81		
鎮痛剤	143		

つ

手	72	手技	176
出会い	188	店員	138
DM	35	天気	174
DVD	146	転勤	190
Tシャツ	43、64、146	転校	190
T字路	115	電車	117
ティーポット	97	転職	190
T-money（交通カード）		電子レンジ	138
	110、116	転送	38
定年退職	191	デンタルケア用品	142
ティラミス	91	デンタルフロス	142
デート	97、188	点滴	158
テーブル	97、119	伝統遊び	185
テール	82	伝統家屋	120
手鏡	60	伝統菓子	94
テカテカ	63	伝統韓国料理店	77
手紙	18、167	伝統芸術	182
大邱（テグ）	103	伝統小物	124
テコンドー	176	伝統刺繍入りクッション	121
デザート	90	伝統茶	70
デジタルシングル	23	伝統茶屋	95
大田（テジョン）	103	テント屋台	89
デスクトップ	37	天然	86
手すり	111	天然パーマ	52、67
手帳	122、172	てんびん座	157
テディベア	52	天ぷら	88
デトックス	65	テンポ	24
テナガダコ	86	デンマーク	130
テナガダコの辛炒め	89	電話	41
テニス	178	電話番号	33、41
手荷物	107、108		
手荷物受取所	107	**と**	
手の爪	58	ドイツ	131
デパート	135	トゥーリング	59
手羽先	83	動画	37
手羽元	83	唐辛子	140
手袋	44、123	唐辛子の粉	171
出迎え	107	唐辛子みそ	80
テレビ通話	32	冬季オリンピック	180
		投稿	34
		冬至	171
		陶磁器	124
		搭乗券	106
		同棲	188
		到着	107
		同点	181
		闘病	191
		豆腐	140
		豆腐キムチ	89
		動物園	134、150
		動物の鳴き声	152
		透明	57
		透明感	61
		銅メダル	179
		トゥルマギ	184
		道路	112
		とお（10）	128
		トートバッグ	147

都会　135
トガニタン（牛の膝軟骨スープ）　84
ドキドキ　14
ドキュメンタリー　149
読者　145
読書　96
独身生活　191
徳寿宮（トクスグン）　104
得点　181
特別車両　117
独立　190
独立記念日（8月15日）　168
登山　134、177
登山靴　177
登山道　177
都市　103、134、135
どじょう汁　84
図書館　135
特価　140
特急列車（セマウル）　117
トック（韓国式お雑煮）　164
ドット柄　53
トッペギ　125
トッポッキ　88
となり　114
扉　120
トマト　141
友達　36
友達申請　32、36
友達登録　32
土曜日　172
トラ　151
寅／とら　164
ドライブ　112
ドライフルーツ　99
ドライヤー　66、123
トラック　112
ドラッグストア　142
ドラマ　26
酉／にわとり　165
鶏足　83、89
トリートメント　66
鶏カルビ　76
鶏皮　83
鶏肉　82
鶏の辛み揚げ　88
鶏の軟骨　89
ドリブル　177
トリプルアクセル　180
努力　190
ドリンク　139
ドル　127
トレカ　147
ドレス　28
トレンド　35、54
ドロドロドラマ　26
泥パック　65

トロフィー　29
豚足　78、83
東大門（トンデムン）　105
豚トロ　83
ドンドン酒（米入り濁り酒）　98

な

ナイフ　90
長靴　45
長袖　53
仲直り　188
中庭　120
中指　58
鳴き声　152
梨　92
なす　141
夏　173
ナッツ　99
ナツメ　141
ナツメ茶　70
夏休み　173
七　127
70　128
ななつ（7つ）　128
ななめ　114
生カルビ　78
生クリーム　90
生クリームケーキ　91
ナマコ　86
生ビール　98
生放送　22
涙　29
南山（ナムサン）公園　104
南山（ナムサン）コル韓屋村　105
南大門（ナムデムン）　104
ナムル　80、87
軟膏　143
ナンバーディスプレイ　41
ナンバープレート　112

に

二　127
二位　23
二階建てバス　111
2月　165
ニキビ　61、71
肉　82
にこにこ　15
煮魚　86
西　114
虹色　57
虹餅　94
二十　127
20　128
24時間営業　136
日曜日　172
日韓戦　177
ニットセーター　50

ニット帽　52
日本　102、109、131
日本酒　98
日本料理　76
荷物　118
荷物棚　108
ニャー　153
入院　158、191
乳液　62
入国カード　108
入国審査　107
入社試験　191
乳製品　140
入力　38
庭　120
にわか雨　175
ニワトリ　152
にわとり（酉）　165
〜人　129
人気賞　28
人気商品　42
人気チャート　24
人気俳優　27
妊娠　189
にんじん　141
にんにく　171
にんにくのしょうゆ漬け　87

ぬ

ぬいぐるみ　20
ぬるま湯　68

ね

子／ねずみ　164
ネイリスト　58
ネイル　58
ネイルアート　59
ネイルサロン　58
ネイルチップ　58
ねぎ　141
ネコ　153
ネズミ　153
値段　88
熱　158
熱唱　24
熱帯魚　154
ネット依存症　46
ネットサーフィン　36
ネットショッピング　42
ネット予約　17
値札　55
ねんざ　159
年中行事　164〜171
年中無休　136

の

農楽　182
ノースリーブ　51

ノート	139
ノートパソコン	37
のど	72
飲みすぎ	99
飲み物	108
飲み屋	99
糊	18
のり	87、138、140
乗り換え	116
ノリゲ	184
乗り場	116
のり巻き	88、139

は

歯	73
バー	99
バー！	185
パーカー	50
ハート柄	53
ハーブティー	96
ハーブ湯	64
パーマ	67
パール	58
肺	82
～杯	129
パイ	91
灰色	57
ハイキング	134
ハイタッチ	16
ハイヒール	29
ー（ハイフン／ダッシュ）	37
敗北	181
俳優	27、28
パウダー	60
パウダールーム	60
パウンドケーキ	91
葉書	18
白菜	81、171
白磁	124
拍手	154
ハサミ	66
箸	80、125
橋	135
パジ	184
パジチョゴリ	184
はじめ	176
馬術	179
柱	121
バス	110
パス	177
バスケットボール	177
バスソルト	119
バス停	110
パステルカラー	52
パスポート	106、122
パスポートケース	147
パズル	47
パスワード	38

パソコン	40
バター	90、140
働き盛り	190
八	127
8月	168
80	128
はちみつ	90
ハツ（牛）	82
ハツ（鶏）	83
発汗効果	68
バッグ	45
バックアップ	32
バックミラー	112
ハッシュタグ	34
バッター	177
バッヂ	147
バッテリー	122
初乗り	116
初乗り運賃	113
発売日	144
ハッピーエンド	26
派手です	54
ハト	152
バドミントン	178
はと麦茶	95
花	167
鼻	73
花柄	53
鼻毛カッター	142
離さないよ。	25
花束	20
鼻血	73
バナナ牛乳	139
パナマ	131
鼻水	73、158
花屋	136
ハニー	25
母	186
パフ	60
パフォーマンス	22
歯ブラシ	142
歯みがき粉	142
バラ	20
バラード	23
バラ肉（牛）	82
腹巻き	123
ハラミ	82
張り	61
ハリウッド映画	149
春	173
晴れ	174
バレーボール	178
バレンタインデー	165
ハロウィーン	170
パワーブロガー	38
パン	139
ハンカチ	45
漢江（ハンガン）	104

ハングルグッズ	125
ハングルの日	170
パンケーキ	90
ハンコ	125
パン粉	140
犯罪	149
汗蒸幕（ハンジュンマク）	64
半身浴	68
絆創膏	143
パンソリ	183
パンダ	150
パンダジ（伝統チェスト）	121
パンツ	43、55
ハンディ扇風機	123
ハンドクリーム	63
ハンドボール	179
ハンドル	112
晩年	191
パンプス	45
パン屋	136

ひ

ビアグラス	98
ピアス	55
ビーチサンダル	122
ビーツの葉	81
ピーナッツ	141
BBクリーム	61
ヒール	29
ビール	98
冷え性	65
日傘	44
東	114
美顔ローラー	62
～匹	129
美脚	51
引き分け	181
飛行機	106、108
膝	72
ピザまん	138
ビジネス	145
ビジネスクラス	109
非常口	108
ビスケット	93
非正規社員	191
ビタミンカラー	50
ビタミン剤	143
左	114
左手	58
引っ越し	190
ヒツジ	153
ひつじ（未）	165
ピッチャー	177
ヒット作	148
ヒットチャート	23
人指し指	58
ひとつ（1つ）	128
ひとり酒	99

非売品	146
美白クリーム	62
ヒヒーン	153
ビビンバ	78
皮膚状態	63
肥満	71
百	127
100ウォン	126
日焼け止め	123
日焼け止めクリーム	63
ビュッフェ	77
ヒョウ	151
雹	175
病院	135、158
美容液	62
標識	115
美容室	66
表彰式	179
美容鍼	70
美容皮膚科	69
ヒヨコ	152
ピヨピヨ	152
ひらひら	51
ヒラメ	86
平屋	120
.（ピリオド）	37
ヒレ肉（牛）	82
ヒレ肉（豚）	83
びわ	141
敏感肌	63
ピンク	57
貧血	71
便せん	18
ピンデトク（緑豆粉のチヂミ）	79、88
瓶ビール	98

ふ

ファーストクラス	109
ファインプレー	180
ファストフード	77
ファックス	41
ファックス番号	41
ファッション	50〜55
ファッション雑誌	54
ファッションショー	54
ファンタジー	47
ファンデーション	60
ファンミーティング	14
ファンレター	18
フィード	34
フィギュア	147
フィギュアスケート	180
Vネック	51
Film	33
封切日	148
ブーツ	45
封筒	18

ブーブー	153
フェミニン	50
フェンシング	178
フォーク	90
4D	148
フォーマルな服	43
フォロー	35
フォロワー	35
ぶかぶか	50
吹きかえ	149
服	20、43、122
フグ	154
プク	183
福きんちゃく	124
北村（プクチョン）韓屋村	104
副作用	69、143
腹痛	158
ふくらはぎ	59、72
フクロウ	152
不合格	161
釜山（プサン）	103
付箋	18
ぶた（亥）	165
ブタ	153
二重まぶた	69
双子	187
ふたご座	157
ふたつ（2つ）	128
豚肉	82
豚肉カルビ	78
豚肉プルコギ	78
豚の皮	89
豚バラ肉	78
二股	188
二日酔い	99
ブックマーク	36
フットマッサージ	59
プデチゲ	79
ぶどう	92
太縁メガネ	53
太もも	72
布団	121
船	135
不眠症	71
冬	173
冬休み	173
扶余（プヨ）	103
フライト時間	109
フライドポテト	138
ブラウス	55
ブラジル	130
フラッシュ	28
フラットシューズ	45
プラットホーム	116
プラネタリウム	156
フラミンゴ	150
ブランケット	108
ブランコ（クネティギ）	167

フランス	130
ブランド	54
フリープログラム	180
フリル	52
不倫	26
プリン	91
プリンター	40
プリントマグカップ	146
フルアルバム	23
フルーツ	92
フルーツパフェ	92
ブルーバス	110
ブルブル（緊張で）	15
ブルブル（寒さで）	123
古本屋	137
フルメイク	60
フレアスカート	55
ブレスレット	58
プレゼント	20
フレンチ	58
ブロガー	38
ブログ	38
ブロック	32
プロフィール	33
プロポーズ	188
フロント	118
ふわふわ	93
分割払い	42
文房具	139
文房具屋	136
訓民正音（フンミンジョンウム）	170

へ

ヘアアイロン	123
ヘアアクセサリー	52
ヘアケア用品	142
ヘアジェル	142
ヘアスタイル	67
ヘアスプレー	66、142
ヘアバンド	51
ヘアピン	50
ヘアワックス	142
閉会式	178
平日	172
百歳酒（ペクセジュ）	98
ヘジャンクク（酔い覚ましスープ）	84
ベストカップル賞	29
ベストセラー	42、144
へそ	72
ベタベタ	93
ベッド	119
ペットボトル	139
ヘッドホン	46、108
ペディキュア	59
ベトナム	131
へび（巳）	164

ペペロ	171
ペペロデー	171
ペルー	130
ベルギー	131
ベルト	44
ベルボーイ	118
ペン	139
勉強	96
ペンギン	151
返信	38
弁当	138
便秘	71
便秘薬	143
ペンライト	17

ほ

保育園	160
ポイントカード	126
ポイントメイク	60
暴雨	175
望遠カメラ	28
邦画	149
防御	176
冒険	46
方向	114
方向オンチ	115
帽子	44、123
宝石	28
宝石箱	124
放送局	16
放送日	22
棒つきキャンディ	93
ほうれい線	61
ほうれん草のナムル	87
ほお	73
ボーダー	52
ポーチ	45、60
ほお肉	83
ホーホー	152
ホーホケキョ	152
ホームドア	116
ホームページ	38
ポーランド	131
ホールケーキ	91
ボールペン	18
ポカポカ	65
僕	25
牧場	134
ボクシング	178
ホクロ除去	69
ポケット	55
ポケットティッシュ	122
ポケットWi-Fi	40
歩行者	115
星占い	157
干しダラのスープ	84
保湿効果	68
ポジャギ（パッチワーク布）	124

保証金払い戻し機	116
補助バッテリー	39
ポスター	146
ポストカード	147
ボタン	55
ポッサム	78
ほっそりしています	54
ぽっちゃりしています	54
ホットク	88、94
ホットチョコ	96
ポップ	23、50
ポップコーン	148
ポッポ	152
ポテトチップス	93
ホテル	118、135
歩道	115
歩道橋	115
ボトックス注射	69
ボブ	53、67
ホヤ	86
ボラ	86
ホラー	149
ボランティア	191
ポルトガル	130
ホルモン	82
ホルモン焼き	78
ホログラム	58
ホワイトデー	165
ホワイトニング	68
〜本（鉛筆など）	129
〜本（瓶）	129
香港	131
弘大（ホンデ）	104
本放送	22
ボンボン	90

ま

マーガリン	140
マーケティング	145
麻雀	47
マーブル	58
〜枚	129
マイク	25、29
迷子	115
マウス	37
マウスウォッシュ	142
前	114
前髪	67
曲がり角	115
マカロン	91
巻貝の和え物	89
巻き髪	52
マグカップ	96、125、146
枕	119
マグロ	155
マクワウリ	141、167
孫（男）	187
孫（女）	187

マゴジャ	184
麻酔	158
マスカラ	60
マスク	123
マスクパック	62
貧しい人	126
松葉づえ	159
待ち受け画面	39
まつげ	73
まつげエクステ	68
まつげパーマ	68
マッコリ	98
まっすぐ	114
松の木	64
松の実	141
松の実粥	85
末伏	168
窓側	108
まとめ買い	137
マナーモード	39
マフィン	91
まぶた	73
マフラー	44、123
豆もやしスープ	84
豆もやしのナムル	87
守ってあげたい。	25
まゆげ	73
マヨネーズ	140
マラソン	179
回し蹴り	176
漫画	144
満月	165
マンゴー	92
マンション	135
慢性疲労	71
満席	111
真ん中	114
万年筆	18

み

巳／へび	164
見送り	106
右	114
右手	58
眉間	73
水色	56
湖	134
みずがめ座	156
水着	43、122
水キムチ	80
水しぶき	154
店	77
見せ場	182
みそ	80、140
みそチゲ	79、87
道	115
みつあみ	51
みっつ（3つ）	128

ミディアム 67
緑 56
港 103
南 114
南アフリカ共和国 131
ミニアルバム 23
ミニスカート 50
ミニのり巻き 88
ミネラルウォーター 139
ミノ（第1胃袋） 82
見逃し動画配信サービス 39
耳 73
耳かき 142
耳たぶ 73
耳鳴り 109、158
脈 70
ミュージックアワード 29
明洞（ミョンドン） 104
未来 191
みりん 140
ミルクティー 96
ミルフィーユ 91
未練 25
民俗遊び 164
民俗酒場 77

む

Moonlight 33
向かい側 115
ムクゲ 102
無形文化財 183
婿 187
蒸し暑さ 168
蒸し餃子 88
息子 187
娘 187
無線LAN 40
むっつ 128
胸 72
胸が痛い。 25
胸キュン 15
むね肉 83
村 134
紫 56
無料チャットアプリ 33
無料通話 33

め

目 73
メイク 60
名刺入れ 124
名節 169
メェ 153
メーター 113
メール 38
メールアドレス 38
眼鏡 44、123
メキシコ 131

目薬 143
メッセージカード 20
メッセンジャーアプリ 32
メドゥプ（組み紐） 124
メニュー 78
めまい 71
メモ 172
メモ帳 139
メロディ 17
メロドラマ 26
メロン 92
めんこ遊び 185
メンズ 42
免税店 106
免税品販売 108
面積 102
面接 191
綿棒 119、142

も

モーグル 181
モーモー 153
木造 121
目的地 116
もぐもぐ 80
木曜日 172
もこもこ 123
餅 169
もち米 168
もち米だんご 171
モデル 54
モニター画面 37
モノクロコピー 41
モバイル決済 126
模範タクシー 113
もみあげ 67
桃 92
もも肉（牛） 82
もも肉（鶏） 83
もも肉（豚） 83
森 134
盛り合わせ 86
モロッコ 130
問診票 70
問題集 144

や

八百屋 136
焼き栗 88
やぎ座 156
焼き魚 86、87
焼肉屋 80
野球 47、177
薬菓 94
約〜 102
薬剤師 143
薬食 94
薬草 64

約束 96
厄払い 167
薬味合わせだれ 171
夜景 119
やけど 159
野菜 141
野菜粥 85
野菜まん 138
屋台 88
薬局 143
やっつ（8つ） 128
山 134
ヤンバン 182
ヤンモリ 65

ゆ

USBメモリ 40
ユーザー 35
ユーチューバー 37
YouTube 37
郵便局 18、135
郵便番号 18
油菓 94
雪 174
湯気 89
柚子 141
柚子茶 70
ユッケジャン（牛肉と野菜の辛い
スープ） 84
ゆで卵 65
指輪 58
夢 25
ユルラン 95
ユンノリ（韓国式すごろく） 164

よ

洋楽 23
養殖 86
幼稚園 160
腰痛 71
ヨーグルト 139
余暇 191
浴槽 64
横 114
横蹴り 176
よっつ（4つ） 128
予定 172
予備校 161
呼び鈴 120
嫁 187
ヨモギ蒸し 65
ヨモギ餅 166
予約 24、118
弱く 68
四 127
四回転 180
40 128

ら

ライオン	151
来週	172
ライト	112
来年	173
ラグビー	179
ラストシーン	27
落花生	165
ラッピング	20
ラテアート	96
螺鈿細工	124
ラブコメ	26、149
ラブリー	52
ラブリースタイル	52
ラメ	58
ランウェイ	54
乱気流	108
ランキング	23
ランナー	177

り

〜輪（花など）	129
（リアルタイム）トレンド	35
リキッドファンデーション	60
陸上	178
離婚	189
リストラ	190
リツイート	35
リップクリーム	63
リハーサル	22
リビング	121
リフトアップ	69
リポスト	34
リボン	20、52
リムジン	28
リムジンバス	107
リモコン	22
留学	161
リュック	53
両替所	107
料金	113
両家あいさつ	189
両親	189
両親の日（5月8日）	166
料理	144
料理酒	140
緑茶	95
緑豆粥	85
旅行	144
リラックス	65
離陸	106
リンク	180
りんご	92

る

ルームサービス	119
留守番電話	41

れ

冷凍食品	140
レイトショー	148
冷麺	78
レインウェア	43
レーザー治療	69
レース	52
歴史	47、144
レギンス	43、55
レジ	138
レシート	113
レストラン	76
レスリング	179
レターセット	125
レタス	141
レッドカーペット	28
レッドバス	110
レディース	42
レバー	83
レビュー	38、42
レポーター	28
恋愛	145、188
恋愛ドラマ	26
連日ドラマ	26
レントゲン	159

ろ

ローファー	45
ロールケーキ	91
六	127
ログアウト	38
ログイン	32、38
6月	167
60	128
ロケ	27
ロケ地	27
ロケ地巡り	27
路地	77
ロシア	130
路線図	116
ロック	23
ロッテワールド	105
ロビー	118
ロング	67
ロングセラー	144
ロングヘア	28

わ

ワールドカップ	177
Y字路	115
Wi-Fi	37、39、122
Wi-Fiルーター	40
わかめスープ	84
別れ	25
湧き水汲み場	177
わくわく	15
ワゴン車	112

忘れ物	113
わたあめ	93
話題	35
話題作	148
私	186
ワックス	66
割増料金	113
ワンピース	43、52
ワンワン	153

監修 山崎亜希子（やまざきあきこ）

早稲田大学グローバルエデュケーションセンター准教授。東京外国語大学大学院博士課程修了。博士（学術）。専門は韓国語学、音声学。著書に『もやもやを解消！韓国語文法ドリル』（三修社）がある。

絵 おおたきょうこ

イラストレーター。書店勤務などを経てフリーのイラストレーターに。女性、子ども、ファミリー向けの雑誌や書籍、広告、webなど、さまざまなジャンルで活動中。
https://otakyoko.com/

スタッフ紹介

ブックデザイン……… Malpu Design（宮崎萌美）
DTP ……………………（有）P.WORD
校閲・校正……………（株）アル
編集協力 ……………… 渡辺のぞみ
編集担当………………… 梅津愛美（ナツメ出版企画株式会社）

本書に関するお問い合わせは、書名・発行日・該当ページを明記の上、下記のいずれかの方法にてお送りください。電話でのお問い合わせはお受けしておりません。
・ナツメ社webサイトの問い合わせフォーム
　https://www.natsume.co.jp/contact
・FAX（03-3291-1305）
・郵送（下記、ナツメ出版企画株式会社宛て）
なお、回答までに日にちをいただく場合があります。正誤のお問い合わせ以外の書籍内容に関する解説・個別の相談は行っておりません。あらかじめご了承ください。

韓国語単語イラストBOOK（かんこくごたんごイラストBOOK）

2020年5月1日　初版発行
2021年10月20日　第3刷発行

監修者　山崎亜希子（やまざきあきこ）　　　　Yamazaki Akiko,2020
絵　　　おおたきょうこ　　　　　　　　　　©Ota Kyoko,2020

発行者　田村正隆
発行所　株式会社ナツメ社
　　　　東京都千代田区神田神保町1-52　ナツメ社ビル1F（〒101-0051）
　　　　電話 03-3291-1257（代表）　　FAX 03-3291-5761
　　　　振替 00130-1-58661
制　作　ナツメ出版企画株式会社
　　　　東京都千代田区神田神保町1-52　ナツメ社ビル3F（〒101-0051）
　　　　電話 03-3295-3921（代表）
印刷所　ラン印刷社

ISBN978-4-8163-6821-9
〈定価はカバーに表示してあります〉〈乱丁・落丁本はお取り替えします〉
Printed in Japan

ナツメ社Webサイト
https://www.natsume.co.jp
書籍の最新情報（正誤情報を含む）は
ナツメ社Webサイトをご覧ください。